D1727495

Grimms Märchen

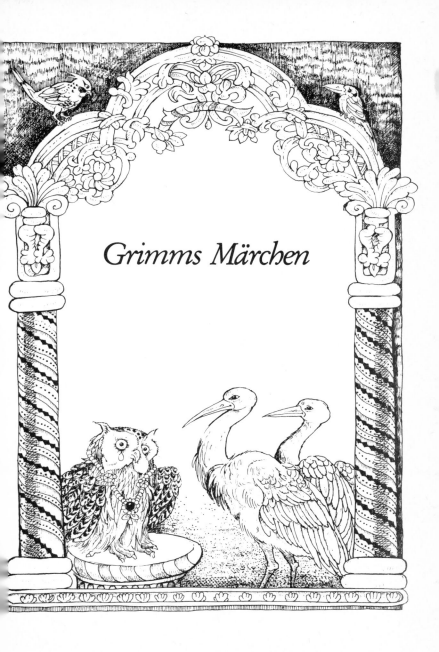

Grimms Märchen

CIP-Kurztitelaufnahme der Deutschen Bibliothek

Grimms Märchen. — 1. Aufl. — Balve : Engelbert, 1983.
  (pEb-Bücherei)
  ISBN 3-536-01681-2
NE: Grimm, Jacob (Mitarb.)

ISBN 3 536 01681 2
1. Auflage 1983
Gesamtausstattung: Ingeborg Haun
Alle Rechte dieser Ausgabe 1983 beim
Engelbert-Verlag, 5983 Balve
Nachdruck verboten – Printed in Germany
Gesamtherstellung:
Mohndruck Graphische Betriebe GmbH, Gütersloh

Aschenputtel

Es waren einmal ein reicher Mann und eine Frau, die hatten ein einziges Töchterchen. Als die Frau todkrank wurde, rief sie ihr Töchterchen an ihr Bett und sprach:

„Mein liebes Kind, ich muß sterben. Aber weine nicht, ich will vom Himmel auf dich herabsehen und dich trösten. Pflanze ein Bäumlein auf mein Grab, und wenn du etwas wünschst, so schüttele daran. Es wird dir geben, was du haben möchtest. Bleib fromm und gut." Darauf schloß sie die Augen und starb.

Das Mädchen trauerte um die Mutter tief und weinte unaufhörlich. Es brauchte kein Wasser, um das Bäumchen zu begießen, denn es genügten ihre Tränen.

Als das Bäumchen zum zweitenmal grünte, nahm ihr Vater eine andere Frau.

Damit brach eine böse Zeit für das arme Kind an, denn die Stiefmutter brachte selbst zwei Töchter ins Haus, die schlecht und boshaft zu dem kleinen Mädchen waren.

„Was macht der garstige Unnütz in den Stuben?" sagte die Stiefmutter zu ihr. „Fort in die Küche! Sie kann Magd sein."

Darauf zogen ihr die Stiefschwestern die Kleider aus, gaben ihr einen alten grünen Rock und sagten: „Der ist gut genug für dich."

Danach führten sie die Stiefschwestern unter Lachen in die Küche. Dort mußte das arme Kind schwere Arbeit verrichten, früh vor Tagesanbruch aufstehen, Wasser tragen, Feuer anmachen, kochen und waschen.

Die Stiefschwestern schütteten ihm Erbsen und Linsen in die Asche, die mußte es dann wieder auslesen, und so ging der Tag herum. Wenn es abends müde war, kam es in kein Bett, sondern mußte sich neben dem Herd in die Asche legen. Nun sah es natürlich von der Asche und dem Staub schmutzig aus, und deshalb nannten sie es „Aschenputtel".

Einmal gab der König ein Fest, das drei Tage dauern sollte. Hierzu wurden alle schönen Mädchen des Landes eingeladen; denn sein Sohn sollte sich eine Braut aussuchen. Als die Stiefschwestern vernahmen, daß auch sie mit eingeladen waren, freuten sie sich ungemein und riefen Aschenputtel zu sich:

„Kämme uns die Haare, bürste uns die Schuhe und schnalle sie fest, wir gehen auf den Ball zu dem Prinzen."

Aschenputtel gab sich redlich Mühe, aber nichts machte sie ihnen recht. Und als sie die Stiefmutter bat, ihr zu erlauben, auch mitgehen zu dürfen, da lachten die Schwestern sie aus.

„Du bist voll Staub und Schmutz, hast weder Kleider noch Schuhe, und willst tanzen? Wir müßten uns ja schämen, wenn die Leute hörten, daß du unsere Schwester seiest. Du gehörst in die Küche. Da hast du eine Schüssel voll Linsen. Wenn wir wiederkommen, muß sie gelesen sein."

Das Mädchen ging durch die Hintertür in den Garten und rief: „Ihr zahmen Täubchen, ihr Turteltäubchen, all ihr Vöglein unter dem Himmel, kommt und helft mir lesen.

Die schlechten ins Kröpfchen,
die guten ins Töpfchen."

Und pick, pick, pick fingen sie an und fraßen die schlechten Linsen weg und ließen die guten liegen. Und im Nu waren die Linsen so rein gelesen, daß nicht eine falsche darunter war.

„Aschenputtel", sagte eine Taube, „willst du deine Schwestern mit dem Prinzen tanzen sehen, so komm mit auf den Taubenschlag."

Und so stieg sie bis auf die letzte Leitersprosse, von dort konnte sie in den Saal hineinsehen, wo die Schwestern mit dem Prinzen tanzten und wo alles voller Licht und Glanz war. Als sie sich satt

gesehen, stieg sie herab und legte sich betrübt auf ihr hartes Lager und schlief ein.

Am anderen Morgen sahen die Schwestern, daß Aschenputtel die Linsen reingelesen, und da sie ihr deshalb nichts zuleide tun konnten, wollten sie Aschenputtel damit ärgern, daß sie ihr erzählten, wie schön es auf dem Ball gewesen sei.

„Ich habe die Lichter flimmern sehen. Es muß herrlich gewesen sein", sagte Aschenputtel.

„Wie hast du das angefangen?" fragte die Älteste.

„Ich habe auf dem Taubenschlag gestanden."

„Da hättest du die Zeit besser nützen können!" rief die Stiefschwester und ließ den Taubenschlag niederreißen.

Und wieder mußte Aschenputtel die Schwestern waschen und kämmen.

„Da ist ein Sack voll Wicken. Aschenputtel", sagten sie. „Lies die guten aus. Sei fleißig, sonst geht es dir schlecht."

Betrübt schüttelte Aschenputtel die Wicken auf den Herd. Und auch jetzt kamen die freundlichen Tauben und pickten:

> Die schlechten ins Kröpfchen,
> die guten ins Töpfchen.

Pick, pick, pick, ging es so geschwind, als wären zwölf Hände da. „Aschenputtel, willst du auf den Ball gehen?" fragten sie.

„Wie kann ich in meinen schmutzigen Kleidern hingehen?" sagte sie.

„Geh zu dem Bäumlein auf deiner Mutter Grab, schüttele daran und wünsche dir schöne Kleider. Komm aber vor Mitternacht vom Ball wieder heim."

Da ging Aschenputtel hinaus, schüttelte das Bäumchen und sprach:

> „Bäumlein, rüttele und schüttele dich,
> wirf schöne Kleider herab für mich!"

Kaum hatte sie das Sprüchlein gesagt, so lag ein prächtiges, mit Silber und Gold besticktes Seidenkleid vor ihr, seidene Strümpfe, mit Gold und Silber ausgestickte Schuhe, Perlen und sonst noch viel Schönes. Beglückt trug Aschenputtel alles nach Hause, wusch sich, zog sich an und sah nun wunderschön aus. Und als sie vor die Haustür kam, stand ein Wagen mit sechs federgeschmückten Pferden davor, und Diener öffneten den Schlag und hoben Aschenputtel hinein. Im Galopp ging es dem Königsschloß zu.

Als der Prinz den Wagen vor dem Tor halten sah, meinte er nicht anders, als daß eine fremde Prinzessin angefahren käme, ging selbst die Treppe hinab, half Aschenputtel aus dem Wagen und führte sie in den Saal. Dort, wo die vielen Lichter brannten, war sie noch viel, viel schöner.

Die Stiefschwestern ärgerten sich, daß eine Fremde sie an Schönheit übertraf, denn sie erkannten Aschenputtel in dem herrlichen Gewand nicht.

Der Prinz aber dachte: Soll ich mir eine Braut aussuchen, so gefällt mir diese am besten. Und er tanzte den ganzen Abend mit ihr. Als Mitternacht herankam, stand sie auf, verneigte sich vor dem Prinzen und wollte nach Hause gehen.

Der Königssohn aber sprach: „Ich gehe mit und begleite dich." Denn er wollte sehen, wohin das schöne Mädchen gehöre.

Aber schnell sprang Aschenputtel in ihren Wagen, der eiligst davonrollte. Zu Hause ging sie wieder zu dem Bäumlein auf der Mutter Grab.

„Bäumlein, rüttele und schüttele dich,
Nimm die Kleider wieder für dich."

Da nahm der Baum die Kleider zurück, und Aschenputtel hatte wieder ihr Aschenkleid an. Damit ging sie in die Küche, machte das Gesicht staubig und legte sich am Herd schlafen.

Als sie zum drittenmal die Schwestern zum Fest putzen mußte, gaben sie ihr eine Schüssel Erbsen, die sollte sie sauber auslesen.

Wenn nur meine Tauben nicht ausbleiben, dachte Aschenputtel.

Aber da kamen sie schon angeflogen. „Aschenputtel, wir wollen dir die Erbsen lesen,

>   die schlechten ins Kröpfchen,
>   die guten ins Töpfchen."

Und wieder pickten sie die schlechten heraus und waren bald fertig damit. „Geh, Aschenputtel, und schüttele das Bäumchen. Es wird dir noch schönere Kleider herunterwerfen. Geh auf den Ball, aber sieh zu, daß du vor Mitternacht heimkommst."

Und als Aschenputtel wiederum sprach:

>   „Bäumlein, rüttele und schüttele dich,
>   wirf schöne Kleider herab für mich!",

da fiel ein Kleid herab, das noch viel prächtiger als das vorige war, denn es war ganz von Gold und Edelsteinen, dazu goldgewirkte Strümpfe und goldene Schuhe. Als Aschenputtel damit bekleidet war, sah sie wie eine Königin aus. Vor der Tür hielt ein Wagen mit sechs Schimmeln, die hatten weiße Federbüschel auf dem Kopf, und die Bedienten waren in Rot und Gold gekleidet.

Als Aschenputtel vorfuhr, stand der Prinz schon auf der Treppe und führte sie in den Saal. Und waren gestern alle über ihre Schönheit erstaunt gewesen, so staunten sie heute noch mehr. Die Schwestern aber standen in der Ecke und waren gelb vor Neid.

Diesmal hatte der Prinz, der durchaus wissen wollte, wer die fremde Prinzessin sei, eine List gebraucht. Damit sie nicht wieder so schnell entfliehen könne, hatte er die ganze Treppe mit Pech bestreichen lassen. Aschenputtel tanzte und tanzte mit dem Prinzen und dachte in ihrer Freude nicht an Mitternacht. Als sie den Glockenschlag vernahm, fiel ihr die Mahnung der Tauben ein. Erschrocken eilte sie zur Tür und lief die Treppe hinunter. Weil die aber mit Pech bestrichen war, blieb einer der goldenen Schuhe fest hängen. In ihrer Angst dachte Aschenputtel nicht daran, ihn mitzunehmen.

Der Königssohn aber hob ihn auf und ließ bekanntmachen: Die, welcher der goldene Schuh passe, solle seine Gemahlin werden. Aber allen war er viel zu klein. Endlich kam die Reihe auch an die beiden Schwestern. Sie freuten sich, denn sie hatten schöne kleine Füße.

„Hört", sagte die Mutter, „da habt ihr ein Messer, und wenn euch der Schuh zu eng sein sollte, so schneidet euch ein Stück vom Fuß ab. Es tut ein bißchen weh, doch eine von euch wird Königin."

Da ging die Älteste in ihre Kammer und probierte den Schuh an. Die Fußspitze kam hinein, aber die Ferse war zu groß. Da nahm sie das Messer und schnitt sich ein Stück von der Ferse ab, bis sie den Fuß in den Schuh hineinzwängen konnte. So ging sie hinaus zu dem Prinzen, und als der sah, daß sie den Schuh anhatte, führte er sie als Braut zum Wagen und wollte mit ihr fortfahren. Als er aber ans Tor kam, saßen oben die Tauben und riefen:

„Rucke die guck, rucke di guh!
Blut ist im Schuh:
Der Schuh ist zu klein.
Die rechte Braut sitzt noch daheim."

Der Prinz bückte sich und sah Blut aus dem Schuh herausquellen. Da wußte er, daß er betrogen wurde, und führte die falsche Braut zurück. Nun sollte die andere Schwester den Schuh anziehen.

„Wenn er zu kurz ist", sagte die Mutter, „so schneide lieber vorne an den Zehen etwas ab."

Da nahm sie den Schuh mit in ihre Kammer, und weil der Fuß zu groß war, schnitt sie ein Stück von den Zehen weg und drückte den Schuh fest an.

Wieder meinte der Prinz, das sei nun die rechte Braut. Als er aber vor das Tor kam, riefen wiederum die Tauben:

>„Rucke di guck, rucke di guh!
>Blut ist im Schuh:
>Der Schuh ist zu klein.
>Die rechte Braut sitzt noch daheim."

Und wieder sah der Prinz hernieder. Da waren die weißen Strümpfe der Braut vom Blut rot gefärbt. Nun wendete der Prinz sein Pferd und brachte das Mädchen der Mutter wieder ins Haus.

„Das ist nicht die rechte Braut", sprach er, „habt Ihr nicht noch eine Tochter?"

„Nein", sagte die Mutter, „nur ein garstiges Aschenputtel ist noch da. Das sitzt unten in der Asche. Dem kann der Schuh nicht passen."

Aber der Prinz bestand darauf, es rufen zu lassen. Als Aschenputtel hörte, daß sie vor den Königssohn kommen sollte, wusch sie geschwind Gesicht und Hände, ging dann hinein und verneigte sich vor ihm. Der Prinz reichte ihr den goldenen Schuh. Sie setzte sich auf einen Schemel, zog geschwind den kleinen Fuß aus dem häßlichen Holzschuh und steckte ihn in den goldenen Schuh. Und siehe da, er paßte wie angegossen. Da bückte sich der Prinz, sah Aschenputtel ins Gesicht und erkannte das schöne Mädchen, mit dem er die ganze Nacht getanzt hatte.

„Das ist die rechte Braut!" rief er freudig aus.

Die Stiefmutter und die bösen Schwestern wurden bleich vor

Schreck. Der Prinz aber hob Aschenputtel in den Wagen. Als sie durch das Tor fuhren, riefen die Tauben:

"Rucke di guck, rucke di guh!
Kein Blut ist im Schuh.
Der Schuh ist nicht zu klein.
Die rechte Braut, die führt er heim."

Die Bremer Stadtmusikanten

Ein Esel hatte viele Jahre hindurch einem Müller gedient und tagtäglich unverdrossen die schwersten Säcke in die Mühle getragen. Nun begannen seine Kräfte zu schwinden. Er merkte bald, daß sein Herr ihm nur noch unwillig das Futter gab. Das verdroß ihn so, daß er beschloß, von dem Undankbaren fortzugehen und sein Brot als Stadtmusikant in Bremen zu verdienen. Auf dem Weg dorthin traf er einen Jagdhund, der keuchte wie einer, der sich müde gelaufen hat.

„Was keuchst du so, Packan?" fragte der Esel.

„Ach", entgegnete der Hund, „weil ich alt bin und jeden Tag schwächer werde und auf der Jagd nichts mehr tauge, hat der Herr mich töten wollen. Da habe ich Reißaus genommen. Aber wo soll ich hin, und womit soll ich nun mein Brot verdienen?"

„Weißt du was", sprach der Esel, „ich gehe nach Bremen und werde dort Stadtmusikant. Komm mit und versuche, ob du das auch kannst. Ich spiele die Laute und du schlägst die Pauke."

Der Hund willigte ein, und sie gingen des Weges weiter. Nicht lange, da trafen sie eine Katze. Die machte ein Gesicht wie drei Tage Regenwetter.

„Was ist denn dir in die Quere gekommen, alter Bartputzer?" redete der Esel sie an.

„Kann man lustig sein, wenn es einem an den Kragen geht?" entgegnete die Katze. „Weil ich nun alt bin und meine Zähne stumpf werden, und ich lieber am Ofen sitze und spinne, als nach Mäusen herumzujagen, hat mich meine Frau ersäufen wollen. Ich konnte mich zwar noch retten, aber nun ist guter Rat teuer."

„Geh mit uns nach Bremen, du verstehst dich doch auf die Nachtmusik, also kannst du ein Stadtmusikant werden."

Die Katze sagte zu, und sie wanderten weiter. Als sie an einem

Gutshof vorüberkamen, saß der Haushahn auf dem Tor und schrie aus Leibeskräften.

„Du schreist ja, daß es einem durch Mark und Bein geht", sagte der Esel.

„Ich habe gut Wetter prophezeit", klagte der Hahn, „weil unsere Frau Wäsche gehabt hat und sie trocknen will. Aber für meinen guten Willen hat sie der Köchin befohlen, mir heute abend den Kopf abzuschneiden, weil sie morgen ihren Gästen eine gute Suppe vorsetzen will. Nun schreie ich aus vollem Halse."

„Ei was", sagte der Esel, „zieh lieber mit uns, wir gehen nach Bremen. Du hast eine gute Stimme, und wenn wir zusammen musizieren, so wird das prächtig klingen."

Dem Hahn war der Vorschlag recht, und so machten sich alle vier auf den Weg.

An einem Tag konnten sie aber die Stadt Bremen nicht erreichen und mußten in einem tiefen Wald übernachten. Der Esel und der Hund legten sich unter einen großen Baum. Die Katze suchte sich ihr Nachtquartier in den Ästen, und der Hahn flog sogar bis in die Krone eines Baumes, weil er sich dort am sichersten fühlte. Bevor er einschlief, schaute er sich noch einmal nach allen vier Winden um. Da sah er ein Fünkchen leuchten und rief seinen Gesellen zu:

„Es muß nicht gar weit ein Haus sein, ich sehe Licht."

Da sprach der Esel: „Dann wollen wir nur hingehen, denn hier ist die Herberge schlecht."

„Vielleicht", meinte der Hund, „finden sich noch ein paar Knochen und etwas Fleisch, das täte mir gut."

Also machten sie sich auf den Weg dorthin, wo das Licht schien. Sie sahen es bald heller schimmern, es ward immer größer, bis sie vor ein hellerleuchtetes Räuberhaus kamen. Der Esel schaute durchs Fenster.

21

„Was siehst du, Grauer?" fragte der Hahn.

„Einen gedeckten Tisch mit schönem Essen und Trinken, und Räuber sitzen daran und lassen es sich wohl sein."

„Das wäre etwas für uns", sagte der Hahn.

Die Tiere begannen zu ratschlagen, wie sie es anfangen müßten, die Räuber hinauszujagen. Endlich fanden sie ein Mittel. Der Esel solle sich mit den Vorderfüßen auf das Fenstersims stellen, der Hund auf des Esels Rücken springen, die Katze auf den Hund klettern. Zuletzt flog der Hahn hinauf und setzte sich der Katze auf den Kopf.

Dann fingen sie auf ein Zeichen allesamt an, ihre Musik zu machen; der Esel schrie, der Hund bellte, die Katze miaute, der Hahn krähte. Dann stürzten sie durch das Fenster in die Stube hinein, daß die Scheiben klirrten.

Mit entsetzlichem Geschrei fuhren die Räuber in die Höhe, denn sie meinten nicht anders, als daß ein Gespenst käme, und flohen in größter Eile in den Wald.

Nun setzten sich die vier Gesellen an den Tisch und aßen, was dastand, mit großem Genuß auf. Dann löschten sie das Licht aus, und jeder suchte sich nach seiner Natur eine Schlafstätte. Der Esel legte sich auf den Mist, der Hund hinter die Tür, die Katze auf den Herd, und der Hahn setzte sich auf einen Balken. Und weil sie müde waren, schliefen sie auch bald ein.

Als Mitternacht vorbei war, kamen die Räuber wieder angeschlichen, und als sie sahen, daß kein Licht mehr im Haus brannte und sich nichts regte, bekam der Hauptmann wieder Mut.

„Wir hätten uns doch nicht sollen ins Bockshorn jagen lassen", sagte er und schickte einen Räuber ins Haus.

Der ging in die Küche, um ein Licht anzuzünden, und weil er die feurigen Augen der Katze für glühende Kohlen ansah, hielt er ein Schwefelhölzchen daran, daß es Feuer fangen sollte. Aber die

Katze verstand keinen Spaß. Sie sprang ihm ins Gesicht und spie und kratzte. Da erschrak er gewaltig und lief zur Hintertür hinaus. Aber der Hund, der da lag, sprang auf und biß ihn ins Bein. Und als er über den Hof an dem Mist vorbeirannte, gab ihm der Esel noch einen tüchtigen Schlag mit dem Hinterbein. Der Hahn, der durch den Lärm aus dem Schlaf geweckt worden war, rief vom Balken herab sein lautestes „Kikeriki".

Da lief der Räuber, was er konnte, zu seinem Hauptmann zu-

rück und sprach: „In dem Haus sitzt eine greuliche Hexe, die hat mich angefaucht und mir mit ihren langen Fingern das Gesicht zerkratzt. Vor der Tür steht ein Mann mit einem langen Messer, der hat mich ins Bein gestochen. Und auf dem Hof liegt ein schwarzes Ungetüm, das hat mit einer Holzkeule auf mich losgeschlagen. Und oben auf dem Dach, da sitzt der Richter, der rief: ‚Bringt mir den Schelm her!‘ Da machte ich, daß ich fortkam."

Darauf getrauten sich die Räuber nicht mehr in ihr Haus hinein; den vier Bremer Musikanten aber gefiel es sehr wohl darin, so wohl, daß sie noch heute dort in Eintracht miteinander leben, wenn sie nicht gestorben sind.

Rapunzel

Es waren einmal ein Mann und eine Frau, die sich schon lange vergeblich ein Kind wünschten. Endlich durfte die Frau hoffen, der liebe Gott werde ihren Wunsch erfüllen.

Nun konnten diese Leute aus ihrem Hinterhaus in einen prächtigen Garten sehen, der voll der schönsten Blumen und Kräuter stand. Er war aber von einer hohen Mauer umgeben, und niemand wagte hineinzugehen, weil er einer Zauberin gehörte, die große Macht hatte und von aller Welt gefürchtet war.

Eines Tages stand die Frau, die ein Kind erwartete, am Fenster und sah in den Garten hinab. Da erblickte sie ein Beet, das mit den schönsten Rapunzeln bepflanzt war. Sie sahen so frisch und grün aus, daß die Frau großen Appetit empfand, von den Rapunzeln zu essen. Das Verlangen nahm jeden Tag zu, und da sie doch keine davon bekommen konnte, magerte sie ganz ab, sah blaß und elend aus.

Da erschrak der Mann und fragte: „Was fehlt dir, liebe Frau?"

„Ach", antwortete sie, „wenn ich keine Rapunzeln aus dem Garten hinter unserem Haus zu essen bekomme, sterbe ich."

Der Mann, der sie liebhatte, dachte: Eh' deine Frau stirbt, holst du ihr von den Rapunzeln; es mag kosten, was es will.

In der Abenddämmerung stieg er also über die Mauer in den Garten der Zauberin, stach in aller Eile eine Handvoll Rapunzeln und brachte sie seiner Frau. Sie machte sich sogleich einen Salat daraus und aß ihn voller Begierde auf. Er hatte ihr aber so gut geschmeckt, daß ihr am anderen Tag noch dreimal soviel Verlangen danach kam. Also mußte der Mann noch einmal in den Garten steigen. Wieder machte er sich in der Abenddämmerung auf. Als er aber die Mauer hinabgeklettert war, erschrak er gewaltig, denn er sah die Zauberin vor sich stehen.

„Wie kannst du es wagen", sprach sie mit zornigem Blick, „in meinen Garten einzudringen und meine Rapunzeln zu stehlen? Das soll dir schlecht bekommen."

„Ach", antwortete er, „laßt Gnade für Recht ergehen, ich habe mich nur aus Not dazu entschlossen. Meine Frau hat Eure Rapunzeln erblickt und empfindet ein so großes Gelüsten, daß sie sterben würde, wenn sie nicht davon zu essen bekäme."

Da besänftigte die Zauberin ihren Zorn und sprach: „So will ich dir gestatten, Rapunzeln mitzunehmen, soviel du willst. Allein, ich stelle eine Bedingung: Du mußt mir das Kind geben, das deine Frau zur Welt bringen wird. Es soll ihm gut ergehen, und ich will für es sorgen wie eine Mutter."

Der Mann sagte in der Angst alles zu, und als die Frau in die Wochen kam, erschien sogleich die Zauberin; gab dem Kind den Namen Rapunzel und nahm es mit sich fort.

Rapunzel wurde das schönste Kind unter der Sonne. Als es zwölf Jahre alt war, schloß die Zauberin es in einen Turm, der in einem Wald stand und weder Treppe noch Tür hatte, nur ganz oben war ein kleines Fensterchen. Wenn die Zauberin hinein wollte, so stellte sie sich unten hin und rief:

„Rapunzel, Rapunzel,
laß dein Haar herunter."

Rapunzel hatte lange, prächtige Haare, fein wie gesponnenes Gold. Wenn sie die Stimme der Zauberin vernahm, band sie ihre Zöpfe los und wickelte sie oben um einen Fensterhaken. Dann fielen die Haare zwanzig Ellen tief hinunter, und die Zauberin stieg daran herauf.

Nach ein paar Jahren trug es sich zu, daß der Sohn des Königs durch den Wald ritt und an dem Turm vorüberkam. Da hörte er einen Gesang, der war so lieblich, daß er stillhielt und horchte. Das war Rapunzel, die in ihrer Einsamkeit sich die Zeit damit vertrieb, mit ihrer süßen Stimme zu singen. Der Königssohn wollte zu ihr hinaufsteigen und suchte nach einer Tür im Turm, aber es war keine zu finden. Er ritt heim, doch der Gesang hatte ihm so sehr das Herz gerührt, daß er jeden Tag hinaus in den Wald ritt und zuhörte. Als er einmal hinter einem Baum lauschte, sah er, daß die Zauberin herankam, und hörte, wie sie hinaufrief:

„Rapunzel, Rapunzel,
laß dein Haar herunter."

Da ließ Rapunzel die Haarflechten herab, und die Zauberin stieg zu ihr hinauf. Der Königssohn sprach bei sich:

„Ist das die Leiter, auf der man hinaufkommt, so will ich auch einmal mein Glück versuchen." Und am folgenden Tag, als es anfing dunkel zu werden, ging er zu dem Turm und rief:

„Rapunzel, Rapunzel,
laß dein Haar herunter."

Alsbald fielen die Haare herab, und der Königssohn stieg hinauf.

Anfangs erschrak Rapunzel gewaltig, als ein Jüngling zu ihr hereinkam, wie ihre Augen noch nie einen erblickt hatten. Doch der Königssohn war freundlich und erzählte ihr, daß ihr Gesang ihm keine Ruhe gelassen und er sie selbst habe sehen müssen. Da verlor Rapunzel ihre Angst, und als er sie fragte, ob sie ihn zum Mann nehmen wolle, und sie sah, daß er jung und schön war, dachte sie: Er wird mich lieber haben als Frau Gothel, sagte ja und legte ihre Hand in seine Hand. Sie sprach:

„Ich will gern mit dir gehen, aber ich weiß nicht, wie ich hinabkommen kann. Wenn du wieder kommst, bringe jedesmal einen Strang Seide mit. Daraus will ich eine Leiter flechten, und wenn die fertig ist, steige ich hinunter, und du nimmst mich mit."

Sie verabredeten, daß er bis dahin alle Abende zu ihr kommen sollte, denn bei Tag war die Alte da.

Die Zauberin merkte auch nichts davon, bis einmal Rapunzel zu ihr sagte: „Sag mir doch, Frau Gothel, wie kommt es nur, daß es mir viel schwerer wird, dich heraufzuziehen als den jungen Königssohn; der ist in einem Augenblick bei mir."

„Du gottloses Kind", rief die Zauberin, „was muß ich von dir hören? Ich dachte, ich hätte dich von aller Welt abgeschieden, und du hast mich doch betrogen!" In ihrem Zorn packte sie die schönen Haare der Rapunzel, schlug sie ein paarmal um ihre linke Hand und griff mit der rechten eine Schere. Ritsch, ratsch waren sie abgeschnitten, und die schönen Flechten lagen auf der Erde. Die Zauberin war so unbarmherzig, daß sie die arme Rapunzel in eine Wüste brachte, wo sie in großem Jammer und Elend leben mußte.

An demselben Tag aber, an dem sie Rapunzel verstoßen hatte, machte abends die Zauberin die abgeschnittenen Flechten oben am Fensterhaken fest, und als der Königssohn kam und rief:

„Rapunzel, Rapunzel,
laß dein Haar herunter",

ließ sie die Haare hinab. Der Königssohn stieg hinauf, aber er fand oben nicht seine liebste Rapunzel, sondern die Zauberin, die ihn mit bösen und giftigen Blicken ansah.

„Aha", rief sie höhnisch, „du willst die Liebste holen, aber der schöne Vogel sitzt nicht mehr im Nest und singt nicht mehr. Die Katze hat ihn geholt und wird dir auch noch die Augen auskratzen. Für dich ist Rapunzel verloren, du wirst sie nie wieder erblicken."

Der Königssohn geriet außer sich vor Schmerz und in der Verzweiflung sprang er den Turm hinab. Er blieb am Leben, aber die Dornen, in die er fiel, zerstachen ihm die Augen. Da irrte er blind im Wald umher, aß nichts als Wurzeln und Beeren und jammerte und weinte über den Verlust seiner Geliebten. So wanderte er

einige Jahre im Elend umher und geriet endlich in die Wüste, wo Rapunzel mit den Zwillingen, die sie geboren hatte, einem Knaben und einem Mädchen, kümmerlich lebte. Dort vernahm er eine Stimme, die ihm bekannt vorkam. Er ging darauf zu, und Rapunzel erkannte ihn, fiel ihm um den Hals und weinte. Zwei von ihren Tränen aber benetzten seine Augen, da wurden sie wieder klar, und er konnte sehen wie einst. Er führte die Geliebte in sein Reich, wo er mit Freude empfangen wurde, und sie lebten noch lange glücklich und in Frieden.

Hans im Glück

Als Hans sieben Jahre seinem Herrn gedient hatte, ging er zu ihm und sprach: „Herr, meine Zeit ist herum, und ich möchte gern wieder heim zu meiner Mutter, gebt mir meinen Lohn."

„Du hast treu und ehrlich gedient", antwortete sein Herr, „wie der Dienst, so der Lohn." Und damit gab er ihm einen Goldklumpen, der so groß wie Hansens Kopf war.

Hans zog sein Tüchlein aus der Tasche, wickelte den Klumpen hinein, hob ihn auf die Schulter und machte sich auf den Heimweg.

Wie er so dahin ging, begegnete ihm ein Reiter, der frisch und fröhlich auf einem munteren Pferd trabte. „Ach", sprach Hans, „wie schön ist's doch zu reiten, man sitzt wie auf einem Stuhl, stößt sich an keinem Stein, spart Schuhe und kommt flugs weiter."

„Ei, Hans", sagte der Reiter und hielt sein Pferd an, „warum läufst du denn zu Fuß?"

„Ich muß ja wohl", antwortete er, „und habe gar noch diesen Klumpen heimzutragen. Er ist zwar von Gold, aber er drückt mich auf die Schulter, und ich kann den Kopf nicht geradehalten."

„Weißt du was", schlug der Reiter vor, „wir wollen tauschen, ich gebe dir mein Pferd, und du gibst mir deinen Klumpen Gold."

„Herzlich gern", entgegnete Hans, „aber ich sage gleich, Ihr müßt Euch damit abschleppen."

Der Reiter stieg ab, nahm das Gold, half dem Hans aufs Pferd und gab ihm die Zügel in die Hände. „Wenn's recht geschwind gehen soll, mußt du nur mit der Zunge laut schnalzen und hopp – hopp rufen", sagte er.

Als Hans auf dem Pferd saß und so frank und frei dahinritt, war er überglücklich. Nach einem Weilchen fiel es ihm ein, daß man noch schneller vorwärts käme, wenn man mit der Zunge schnalzte und hopp – hopp riefe. Das Pferd setzte sich in Trab, und ehe sich's Hans versah, wurde er abgeworfen und fiel in einen Graben. Das Pferd wäre auch durchgegangen, wenn es nicht ein Bauer, der des Weges kam und eine Kuh vor sich hertrieb, aufgehalten hätte. Mühsam richtete sich Hans auf und stellte sich wieder auf die Beine.

„Es ist ein schlechter Spaß, das Reiten", sagte er verdrießlich, „zumal wenn man auf eine Mähre gerät, die einen abwirft, daß man den Hals brechen kann. Nie wieder sitze ich auf. Da lobe ich mir Eure Kuh. Gemächlich kann man hinterhergehen und hat gewiß noch jeden Tag Milch, Butter und Käse. Wenn ich doch solch eine Kuh hätte!"

„Geschieht dir damit ein Gefallen", sprach der Bauer, „so will ich die Kuh gegen dein Pferd eintauschen."

Mit tausend Freuden willigte Hans ein; der Bauer schwang sich aufs Pferd und ritt eiligst heim. Nun trieb Hans seine Kuh vor sich her und überdachte den glücklichen Handel.

„Habe ich nur ein Stück Brot – und daran wird es mir nicht fehlen –, kann ich ganz nach Belieben Butter und Käse dazu essen. Habe ich Durst, so melke ich meine Kuh und trinke die Milch."

Als er nun zu einem Wirtshaus kam, machte er halt, aß alles, was er bei sich hatte, auf und ließ sich für seine letzten Heller ein Glas Bier einschenken. Dann trieb er seine Kuh weiter, dem Dorf seiner Mutter zu. Aber die Hitze war groß, und es wurde dem Hans so heiß, daß ihm vor Durst die Zunge am Gaumen klebte.

Dem ist abzuhelfen, dachte Hans, jetzt will ich meine Kuh melken und mich an der Milch laben.

Er band die Kuh an einen Baum, und da er keinen Eimer hatte, stellte er seine Ledermütze unter; aber wie er sich auch bemühte, die Kuh gab keine Milch. Da er das Melken nicht verstand, wurde das Tier ungeduldig, schlug mit dem Hinterbein aus und gab Hans einen Schlag vor den Kopf, daß er zu Boden taumelte und eine Zeitlang sich gar nicht besinnen konnte, wo er war. Glücklicherweise kam gerade ein Metzger des Weges, der auf einem Schubkarren ein junges Schwein liegen hatte.

„Was sind das für Streiche?" rief er und half dem guten Hans auf. Der erzählte ihm, was vorgefallen war. Der Metzger reichte ihm seine Flasche und sprach: „Da trinkt einmal und erholt Euch. Die Kuh will wohl keine Milch geben, das ist ein altes Tier, das höchstens noch zum Ziehen taugt oder zum Schlachten."

„Ei, ei", sprach Hans und strich sich die Haare aus der Stirn, „wer hätte das gedacht! Es ist freilich gut, wenn man so ein Tier abschlachten kann. Was gibt's für Fleisch! Aber ich mache mir aus Kuhfleisch nicht viel, es ist mir nicht saftig genug. Ja, wer so ein junges Schwein hätte, das schmeckt anders. Dazu noch die Würste!"

„Hört, Hans", sprach der Metzger,„Euch zuliebe will ich tauschen und Euch das Schwein für die Kuh überlassen."

„Gott lohne Euch Eure Freundschaft!" sprach Hans, übergab ihm die Kuh, ließ das Schweinchen vom Karren losmachen und sich den Strick, woran es gebunden war, in die Hand geben.

So zog Hans weiter und überdachte, wie ihm doch alles nach Wunsch ginge und sich alle Verdrießlichkeiten wieder ausglichen. Jetzt gesellte sich ein Wanderbursche zu ihm, der trug eine schöne weiße Gans unter dem Arm. Sie boten einander „guten Tag", und Hans fing an, von seinem Glück und von seinem vorteilhaften Tausch zu berichten. Der Bursche erzählte, daß er die Gans zu einem Kindtaufschmaus brächte.

„Hebt einmal", fuhr er fort und packte sie bei den Flügeln, „wie schwer sie ist; acht Wochen lang ist sie genudelt worden, wer in den Braten beißt, muß das Fett von beiden Seiten abwischen."

"Ja", pflichtete Hans bei und wog sie in der Hand, "die hat Gewicht. Aber mein Schwein ist auch nicht zu verachten."

"Nun ja", sagte der Bursche, "aber mit Eurem Schwein mag es nicht ganz richtig sein. In dem Dorf, durch das ich eben kam, ist dem Schulzen eins aus dem Stall gestohlen worden. Ich fürchte, Ihr habt's da an der Hand. Sie haben Leute ausgeschickt, und es wäre ein schlimmer Handel, wenn sie Euch mit dem Schwein erwischten. Ihr könnt noch in ein finsteres Loch gesteckt werden."

Dem Hans wurde bange. "Ach, Gott", sprach er, "helft mir aus der Not, Ihr wißt in der Gegend besser Bescheid, nehmt mein Schwein und laßt mir Eure Gans."

"Ich wage viel dabei", antwortete der Bursche, "aber ich will doch nicht, daß Ihr ins Unglück geratet."

Er nahm also das Seil in die Hand und trieb das Schwein schnell auf einen Seitenweg fort. Der gute Hans aber ging von Sorgen befreit mit der Gans unter dem Arm der Heimat zu.

"Wenn ich's recht überlege", sprach er mit sich selbst, "habe ich noch Vorteil bei dem Tausch, erstens den guten Braten und das schöne Fett, das gibt auf ein ganzes Vierteljahr Gänsefettbrot, und endlich die schönen weißen Federn, die lasse ich in mein Kopfkissen stopfen, und darauf will ich ungewiegt einschlafen.

Als er durch das letzte Dorf gekommen war, stand ein Scherenschleifer mit seinem Karren da. Sein Rad schnurrte, und er sang dazu:

"Ich schleife die Schere und drehe geschwind und hänge mein Mäntelchen nach dem Wind."

Hans blieb stehen und sah ihm zu. Er sprach zu ihm: "Ihr seid so lustig beim Schleifen, es geht Euch wohl recht gut?"

„Ja", antwortete der Scherenschleifer, „das Handwerk hat einen goldenen Boden. Ein rechter Schleifer ist ein Mann, der, sooft er in die Tasche greift, auch Geld darin findet. Aber woher habt Ihr die fette Gans gekauft?"

„Die habe ich nicht gekauft, sondern für mein fettes Schwein eingetauscht."

„Und das Schwein?" fragte der andere.

„Das habe ich für eine Kuh gekriegt."

„Und die Kuh?"

„Die hab' ich für ein Pferd bekommen."

„Und das Pferd?"

„Dafür hab' ich einen Klumpen Gold, so groß wie mein Kopf, gegeben."

„Und das Gold?"

„Ei, das war mein Lohn für sieben Jahre Dienst."

„Ihr habt Euch jederzeit zu helfen gewußt", sprach der Schleifer, „und nun könnt Ihr es noch dahin bringen, daß Ihr das Geld in der Tasche springen hört, wenn Ihr aufsteht."

„Wie soll ich das anfangen?" sprach Hans.

„Ihr müßt ein Schleifer werden wie ich, dazu gehört nichts weiter als ein Wetzstein, das andere findet sich von selbst. Hier habe ich einen, der ist zwar ein wenig schadhaft, dafür sollt Ihr mir aber auch weiter nichts als Eure Gans geben. Wollt Ihr das?"

„Wie könnt Ihr da noch fragen", antwortete Hans, „ich würde ja zum glücklichsten Menschen auf der Erde. Habe ich Geld, sooft ich in die Tasche greife, was brauche ich mich da länger zu sorgen." Damit reichte er ihm die Gans hin und nahm den Wetzstein in Empfang.

„Nun", sprach der Schleifer, indem er einen gewöhnlichen, schweren Feldstein, der neben ihm lag, aufhob, „hier habt Ihr noch einen tüchtigen Stein dazu, auf dem es sich gut schlagen läßt, Ihr könnt Eure alten Nägel darauf geradeklopfen. Nehmt ihn und hebt ihn gut auf."

Hans lud den Stein auf und ging vergnügten Herzens weiter. „Ich muß ein Sonntagskind sein", rief er aus, „alles, was ich wünsche, trifft ein."

Inzwischen war Hans müde geworden, da er seit Tagesanbruch auf den Beinen gewesen war; und weil er vor Freude über die eingehandelte Kuh seinen Vorrat aufgezehrt hatte, plagte ihn noch dazu der Hunger. Nur mit Mühe konnte er weitergehen und mußte jeden Augenblick haltmachen. Dabei drückten ihn die Steine ganz erbärmlich, und er wünschte, daß er sie jetzt nicht zu tragen brauchte. Ermattet schleppte er sich bis zu einem Feldbrunnen, dort wollte er ruhen und sich mit einem frischen Trunk laben. Bedächtig legte er die Steine, bevor er sich niederließ, auf den Rand des Brunnens, damit er sie nicht beschädige. Danach setzte er sich nieder und bückte sich, um zu trinken. Dabei stieß er ein wenig die Steine an, und beide Steine plumpsten hinab. Als Hans sie versinken sah, sprang er auf und wußte sich vor Freude gar nicht zu lassen. Er dankte Gott, daß er auf so gute Art von den schweren Steinen befreit wurde.

„So glücklich, wie ich bin", rief er aus, „gibt es keinen Menschen unter der Sonne!" Und leichten Herzens wanderte er weiter, bis er daheim bei seiner Mutter war.

Der Wolf und die sieben Geißlein

Es war einmal eine alte Geiß, die hatte sieben junge Geißlein, die sie alle sehr liebte. Eines Tages wollte sie Futter holen; da rief sie ihre Jungen zu sich und sprach:

„Liebe Kinder, ich muß euch allein lassen, nehmt euch in acht, daß der Wolf nicht ins Haus kommt, er verstellt sich oft, aber ihr werdet ihn an seiner rauhen Stimme und an seinen schwarzen Pfoten erkennen; laßt ihn nicht herein, sonst frißt er euch alle auf."

„Du brauchst nichts zu fürchten", entgegneten die jungen Geißlein, „wir werden schon gut aufpassen."

Kaum war die Mutter fortgegangen, da kam auch schon der Wolf daher, stellte sich vor die Tür und rief: „Liebe Kinder, macht mir auf, eure Mutter ist da und hat euch was Schönes mitgebracht."

Da riefen die Kinder: „Du bist nicht unsere Mutter, die hat eine liebliche Stimme, deine Stimme aber ist rauh, wir wissen, du bist der Wolf, wir machen dir nicht auf."

Da lief der Wolf davon zu einem Krämer, kaufte sich ein Stück Kreide und machte seine Stimme fein damit; dann lief er wieder an die Haustür der sieben Geißlein und rief mit feiner Stimme: „Macht mir auf, macht mir auf, liebe Kinder, ich bin eure Mutter, jedes von euch soll etwas Schönes haben." Er hatte aber seine Pfoten in das Fenster gelegt, das sahen die Kinder und riefen:

„Unsere Mutter bist du nicht, die hat keinen schwarzen Fuß. Du bist der Wolf, dir machen wir nicht auf."

Darauf lief der Wolf zu einem Bäcker und sprach: „Bäcker, meine Pfote tut mir so weh, bestreiche sie mir doch mit frischem Teig." Als ihm der Bäcker den Gefallen getan hatte, rannte er zum Müller und sprach: „Müller, streu mir feines Mehl auf meine Pfo-

te." Der Müller wollte nicht. „Wenn du es nicht tust, so fresse ich dich." Da hatte der Müller Angst und tat es doch.

Und wieder ging der Wolf vor die Haustür der sieben Geißlein und sprach: „Liebe Kinder, laßt mich ein, eure Mutter ist heimgekehrt und hat jedem von euch ein Geschenk mitgebracht."

Die sieben Geißlein wollten erst die Pfoten sehen, und da sie weiß waren wie frisch gefallener Schnee und der Wolf so fein sprach, glaubten sie, es sei die Mutter, und sie öffneten die Tür.

Welch ein Schreck, als sie den Wolf erblickten! Schnell wollten sie sich verstecken. Das eine sprang unter den Tisch, das zweite ins Bett, das dritte hinter den Ofen, das vierte in die Küche, das fünfte in den Schrank, das sechste unter eine große Schüssel, das siebente in die Wanduhr. Aber der Wolf fand alle und verschluckte sie bis auf das jüngste in der Wanduhr. Das konnte er nicht finden. Als der Wolf seine Gier gestillt hatte, trollte er sich fort und legte sich unter einem Baum, der auf einer schönen grünen Wiese stand, schlafen.

Als die Mutter heimkehrte, fand sie zu ihrem Schreck die Haustür sperrweit offen, und im Zimmer war alles durcheinander. Tische, Stühle, Bänke lagen übereinander, und auch die Betten waren zerwühlt. Sie suchte ihre Kinder, rief angstvoll ihre Namen, aber vergeblich. Erst als sie am Uhrenkasten stand, hörte sie das feine Stimmchen ihres Jüngsten:

„Liebe Mutter, hier bin ich, hole mich heraus."

Das Entsetzen der Mutter war groß, als sie vernahm, was vorgefallen war; sie weinte bittere Tränen und wollte sich gar nicht trösten lassen. In ihrer Verzweiflung lief sie hinaus, das jüngste Geißlein ihr nach, und als sie auf die Wiese kamen, fanden sie das garstige Tier schnarchend vor.

„Da liegt ja der böse Wolf, nachdem er zum Vesper meine lieben Kinderchen verspeist hat!" rief die alte Geiß und befahl der jungen, eiligst Schere, Nadel und Zwirn zu holen. Es kam ihr nämlich der gute Gedanke, der Wolf könne die Kinder ganz hinuntergeschluckt haben, und sie könnte sie noch vom Tod erretten. Deshalb nahm sie die Schere, schlich sich an den Wolf heran, und ritsch, ratsch, hatte sie ihm den vollgefressenen Bauch aufgeschnitten. Da sprangen eins, zwei, drei, die sechs Geißlein heraus, fielen der Mutter um den Hals und dankten für ihre glückliche Rettung.

„Nun holt schnell recht schwere Ziegelsteine herbei, die sollen dem Ungetüm den Magen füllen!" sprach die Mutter.

Da schleppten die sieben Geißlein eiligst die Steine herbei und steckten sie dem Wolf in den Bauch, und die Alte nahm ihr Nähzeug und nähte ihn fest wieder zu..

Als der Wolf endlich ausgeschlafen hatte, verspürte er großen Durst. „Ich werde an den Brunnen gehen", brummte er. Als er sich aber erhob, stießen die Steine aneinander und machten solchen Lärm, daß er ausrief:

„Was rumpelt und pumpelt
in meinem Leib herum?
Ich glaubte, es wären sechs Geißlein;
doch scheint mir, es sind Ziegelstein'."

Als er sich nun über den Brunnen beugte, um zu trinken, zogen ihn die schweren Steine hinab. Zur Strafe für seine böse Tat mußte er ersaufen. Da kamen die sieben Geißlein angelaufen und tanzten vor Glückseligkeit um ihre Mutter herum, und alle riefen: „Nun ist der böse Wolf tot, nun kann er uns nichts mehr tun."

Frau Holle

Es war einmal eine Witwe, die hatte zwei Töchter. Von diesen war die eine schön und fleißig, die andere häßlich und faul. Sie hatte aber die häßliche und faule Tochter viel lieber, und die andere mußte alle Arbeit tun.

Einmal war das schöne und fleißige Mädchen an den Brunnen gegangen, um Wasser zu holen. Als es sich bückte, um den Eimer herauszuziehen, bückte es sich zu weit hinüber und fiel tief hinunter. **Und als es erwachte und wieder zu sich kam, war es auf einer schönen Wiese, wo viele tausend Blumen blühten.**

Auf der Wiese ging das Mädchen weiter und kam zu einem Backofen. Es war ein Brot darin, das rief:

„Ach, zieh mich 'raus, zieh mich 'raus, sonst verbrenn' ich, ich bin schon längst ausgebacken."

Da trat es rasch hinzu und holte das gebackene Brot heraus. Danach ging es weiter und kam zu einem Baum. Dieser hing voller Äpfel und rief ihm zu:

„Ach, schüttele mich! Schüttele mich! Meine Äpfel sind alle miteinander reif!"

Da schüttelte es den Baum so lange, bis kein Apfel mehr oben war. Danach ging es wieder fort.

Endlich kam es zu einem kleinen Haus. Aus ihm schaute eine alte Frau. Weil diese große häßliche Zähne hatte, bekam das Mädchen Angst und wollte fortlaufen. Die alte Frau aber rief ihm nach:

„Fürchte dich nicht, liebes Kind, bleib bei mir. Wenn du alle Arbeit im Haus ordentlich tun willst, so soll es dir gut gehen; nur mußt du recht darauf achtgeben, daß du mein Bett gut machst und es fleißig aufschüttelst, daß die Federn fliegen. Dann schneit es in der Welt; ich bin die Frau Holle."

Weil die Alte so freundlich sprach, willigte das Mädchen ein und begab sich an die Arbeit. Es besorgte auch alles zur Zufriedenheit und schüttelte das Bett der Frau Holle immer gewaltig auf. Dafür hatte es auch ein gutes Leben bei ihr, hörte kein böses Wort und aß alle Tage Gesottenes und Gebratenes.

Nun war es schon lange Zeit bei Frau Holle. Da wurde es traurig im Herzen, und obgleich es ihm hier viel besser ging als zu Hause, hatte es doch Heimweh. Endlich sagte es zu Frau Holle:

„Ich habe Sehnsucht nach Hause, und wenn es mir auch noch so gut hier geht, so kann ich doch nicht länger bleiben."

„Du hast recht", sagte Frau Holle, „und weil du mir so treu gedient hast, will ich dich selbst wieder hinaufbringen."

Sie nahm das Mädchen darauf bei der Hand und führte es vor ein großes Tor. Das tat sich auf, und als es darunterstand, fiel ein gewaltiger Goldregen herab, und alles Gold blieb an ihm hängen, so daß es über und über davon bedeckt war.

„Das sollst du haben, weil du so fleißig gewesen bist", sprach Frau Holle.

Darauf schloß sich das Tor, und das Mädchen befand sich oben auf der Erde. Es ging heim zu seiner Mutter, und weil es so mit Gold bedeckt ankam, wurde es gut aufgenommen.

Als die Mutter hörte, wie es zu dem Reichtum gekommen war, wollte sie der häßlichen und faulen Tochter gern das gleiche Glück verschaffen. Die Faule mußte sich auch in den Brunnen stürzen. Sie erwachte wie die andere auf der schönen Wiese und ging auf demselben Pfad weiter. Als sie zu dem Backofen gelangte, schrie das Brot wieder:

„Ach, zieh mich 'raus, zieh mich 'raus, sonst verbrenn' ich, ich bin schon längst ausgebacken!"

Die Faule aber antwortete: „Da hätt' ich Lust, mich schmutzig zu machen!" und ging weiter.

Bald kam sie zu dem Apfelbaum. Dieser rief wieder: „Ach, schüttele mich! Schüttele mich! Meine Äpfel sind alle miteinander reif."

Sie antwortete aber: „Du kommst mir recht, es könnt' mir einer auf den Kopf fallen!" Und sie ging weiter.

Als sie vor das Haus der Frau Holle kam, fürchtete sie sich nicht, weil sie von ihren großen Zähnen gehört hatte, und verdingte sich gleich bei ihr.

Am ersten Tag gab sie sich Mühe, war fleißig und tat, was Frau Holle sagte, denn sie dachte an das viele Gold. Am zweiten Tag aber fing sie schon an zu faulenzen, und am dritten wollte sie morgens gar nicht aufstehen. Sie machte auch der Frau Holle das Bett schlecht und schüttelte es nicht so, daß die Federn aufflogen. Das wurde der Frau Holle bald leid, und sie kündigte der Faulen den Dienst. Diese willigte gern ein, denn sie meinte, nun werde der Goldregen kommen.

Frau Holle führte auch sie zu dem Tor. Als das Mädchen aber darunterstand, wurde statt des Goldes ein großer Kessel voller Pech ausgeschüttet.

„Das ist zur Belohnung für deine Dienste", sagte Frau Holle und schloß das Tor zu.

Ganz mit Pech bedeckt, kam die Faule heim. Das Pech ging ihr Lebtag nicht wieder ab, und wo das Mädchen sich sehen ließ, da wurde es ausgelacht. Die Fleißige hieß Goldelse, die Faule aber zeitlebens Pechmarie.

Dornröschen

Vor vielen Jahren lebten ein König und eine Königin in glücklichster Ehe. Nur einen Kummer hatten sie: Noch immer wollte sich kein Kindlein zu ihnen gesellen. Als aber einmal die Königin im Bad saß, hüpfte ein Frosch auf sie zu und sprach:

„Dein Wunsch soll bald erfüllt werden, du wirst ein Töchterchen bekommen."

Und sie brauchte gar nicht lange zu warten, da hielt sie ein reizendes Mägdlein im Arm. Der König war vor Freude darüber hochbeglückt und veranstaltete ein großes Fest. Hierzu lud er auch zwölf Feen, die im Land waren, ein. Die dreizehnte aber konnte er nicht bitten, da er nur zwölf goldene Teller besaß.

Kostbar gekleidet erschienen die Feen zum Fest, und jede brachte ein herrliches Geschenk. Von der einen erhielt das Kind die Tugend, von der zweiten die Schönheit und von den andern, was nur an Herrlichkeit in der Welt zu haben war. Als gerade die elfte ihr Sprüchlein gesagt hatte, öffnete sich die Tür, und die dreizehnte stand auf der Schwelle.

„Weil ihr mich nicht eingeladen habt", rief sie zornig, „sage ich euch, daß eure Tochter sich in ihrem fünfzehnten Jahr an einer Spindel stechen und tot hinfallen wird." Damit verließ sie den Saal.

Die Eltern waren zu Tode erschrocken, aber da trat die zwölfte Fee hinzu und sprach:

„Ich hebe den bösen Spruch auf, nicht tot soll die Königstochter sein, nur ein hundertjähriger Schlaf soll sie umfangen halten."

Der König, der sein Töchterchen erretten wollte, befahl, daß im ganzen Königreich alle Spindeln verschwinden sollten.

Inzwischen gingen die Wünsche der Feen in Erfüllung; die

Prinzessin wurde wunderlieblich, war klug und freundlich zu jedermann, so daß man sie im ganzen Land liebte.

Eines Tages, gerade als sie ihr fünfzehntes Jahr erreicht hatte und der König und die Königin einmal nicht zu Hause waren, gelüstete es die Prinzessin, sich das ganze Schloß von oben bis unten anzusehen. Endlich kam sie auch an einen alten Turm. Zu diesem führte eine enge Treppe hinauf. Die Prinzessin gelangte zu einer kleinen Tür; ein gelber Schlüssel steckte darin. Neugierig drehte sie diesen herum, da sprang die Tür auf. Eine alte Frau saß in dem Stübchen an einer Spindel und spann ihren Flachs.

Die Alte sah so freundlich und lieb aus, daß sie dem Mädchen gar wohl gefiel.

„Guten Tag, du liebes Mütterchen", sprach es, was machst du da?"

„Ich spinne."

„Ei, zeig mir, wie du das anfängst", bat die Prinzessin und griff danach. Kaum aber hatte sie die Spindel berührt, da stach sie sich und fiel sogleich in einen tiefen, tiefen Schlaf.

In demselben Augenblick kamen der König und die Königin mit ihrem ganzen Hofstaat zurück. Sogleich überkam auch sie der Schlaf, und dieser überfiel alle im ganzen Schloß. Es schliefen sogar die Pferde in den Ställen, die Tauben auf dem Dach, die Hunde im Hof, die Fliegen an den Wänden, ja, das Feuer, das auf dem Herd flackerte, erlosch. Der Braten hörte auf zu brutzeln, der Koch ließ den Küchenjungen, den er an den Haaren ziehen wollte, los, und die Magd ließ das Huhn fallen, das sie rupfen wollte, und schlief ein. Um das Schloß aber zog sich höher und immer höher eine Dornenhecke empor, so daß sie das ganze Schloß verdeckte.

Viele Prinzen, die von dem wunderschönen Prinzeßchen hinter der Dornenhecke gehört hatten, kamen, um das Dornrös-

chen, wie es genannt wurde, zu befreien. Aber es war, als hätten die Dornen ringsumher Hände, die alle Eindringlinge festhielten; sie blieben darin hängen und kamen jämmerlich um.

Nach vielen, vielen Jahren kam wieder ein Königssohn durch die Lande. Ihm erzählte ein alter Mann, es ginge die Sage, daß dort hinter der Dornenhecke ein Schloß stände, und ein wunderschönes Mädchen, Dornröschen genannt, schlafe darin mit ihrem ganzen Hofstaat. Sein Großvater hätte oft von den vielen Prinzen geredet, die durch die Hecke dringen wollten, sie hätten aber alle dabei ihr Leben eingebüßt.

„Das soll mich nicht abhalten, den Versuch zu machen, das schöne Dornröschen zu befreien", sagte der Prinz und schritt auf die Dornenhecke zu. Und siehe da: die Dornen wichen vor ihm zurück, er ging hindurch, und hinter ihm schloß sich die Dornenhecke wieder.

Im Schloßhof lagen die Pferde und schliefen, es schliefen die gefleckten Jagdhunde, und auf dem Dach saßen die Tauben und hatten die Köpfchen unter die Flügel gesteckt. Als der Prinz ins Schloß kam, schliefen die Fliegen an der Wand, der Koch in der Küche, die Magd am Herd. Im Prunksaal lag der ganze Hofstaat und schlief. Da ging er weiter und fand den König und die Königin im tiefsten Schlaf, und es war so still, daß er seinen Atem hören konnte.

Endlich kam er zu dem alten Turm. Er stieg hinauf und fand das schlafende Dornröschen. Es war so wunderschön, daß der Königssohn erstaunte, sich bückte und es herzhaft küßte. In demselben Augenblick waren die hundert Jahre um, die Dornröschen zu schlafen hatte. Sie schlug die Augen auf und blickte den Jüngling holdselig an. Dann erhob sie sich, und beide gingen hochbeglückt miteinander zu dem Königspaar.

Als sie den Saal betraten, erwachten der König und die Königin der ganze Hofstaat, die Pferde, die Hunde, die Tauben auf dem Dach und die Fliegen an den Wänden. Und in der Küche begann das Feuer wieder zu flackern und kochte das Essen fertig, und der Koch gab dem Küchenjungen die zugedachte Ohrfeige, und die Magd rupfte ihr Huhn.

Bald wurde die Hochzeit des Königssohnes mit Dornröschen mit großer Pracht gefeiert, und sie lebten vergnügt bis an ihr Ende.

Die sieben Raben

Es waren einmal ein Mann und eine Frau, die hatten sieben Söhne. Schon lange sehnten sie sich danach, ein Töchterlein zu haben, aber ihr Wunsch wurde nicht erfüllt. Da erschien einmal der Frau ein Engel.

„Sei getrost", sprach er, „bald wirst du ein kleines Mädchen in deinen Armen halten."

Die Freude war groß. Als das Kind aber zur Welt kam, war es so klein und schmächtig, daß man die Nottaufe vornehmen mußte. Der Vater schickte einen der Knaben zur Quelle, um Taufwasser zu holen, die andern sechs liefen mit, und da jeder zuerst schöpfen wollte, fiel ihnen der Krug in den Brunnen. Da waren sie arg erschrocken und wagten sich nicht mehr heim. Als sie nicht nach Hause kamen, wurde der Vater böse und sprach:

„Die gottlosen Jungen, gewiß haben sie's über einem Spiel vergessen."

Es ward ihm angst, daß das kleine Mädchen ungetauft von hinnen gehen könnte, und zornig rief er:

„Ich wollte, daß die Jungen alle zu Raben würden."

Kaum war das Wort gefallen, so hörte er ein Rauschen über seinem Haupt, und als er in die Luft blickte, sah er sieben kohlschwarze Raben auf und davon fliegen.

Das Töchterchen wuchs heran und wurde kräftig und schön. Daß es sieben Brüder besessen hatte, erfuhr es nur durch fremde Leute, die einmal sagten, es sei schuld an dem Unglück seiner Brüder.

Da wurde das Mädchen sehr betrübt und fragte Vater und Mutter:

„Ist es wahr, daß ich Brüder gehabt habe? Und wo sind diese hingeraten?"

Die Eltern konnten das Geheimnis nun nicht länger verschweigen und meinten, dieses Schicksal sei vom Himmel den Brüdern so bestimmt gewesen, es solle sich nicht grämen, denn es sei unschuldig an dem Verhängnis.

Aber das Mädchen fand keinen Trost und glaubte, es müsse seine Geschwister erlösen. Es hatte weder Tag noch Nacht Ruhe, bis es heimlich das Haus verließ und in die weite Welt ging, um seine Brüder zu suchen. Als Andenken nahm es ein Ringlein von seinen Eltern mit auf die Wanderschaft und einen Laib Brot für den Hunger, ein Krüglein Wasser für den Durst und ein Stühlchen für die Müdigkeit.

Nun wanderte es weit, bis an das Ende der Welt. Da kam es zu der Sonne, die war heiß und brannte fürchterlich. Eiligst lief es weg und lief hin zum Mond, der war kalt, grausig und böse, und als er das Kind sah, sprach er: „Ich rieche, rieche Menschenfleisch." Da machte es sich schnell auf und ging zu den Sternen, die waren freundlich und gut. Der Morgenstern kam ihm entgegen, gab ihm ein Schlüsselchen und sprach:

„Wenn du es hast, kannst du den Glasberg aufschließen, in dem deine Brüder sind."

Das Mädchen bedankte sich, wickelte das Schlüsselchen in sein Tüchlein und wanderte weiter. Endlich hatte es den Glasberg erreicht, das Tor war verschlossen, und als es das Schlüsselchen hervorholen wollte, war das Tüchlein leer, es hatte das Geschenk der guten Sterne verloren. Wie sollte es nun seine sieben Brüder erlösen können? Es hatte ja nun keinen Schlüssel zum Glasberg mehr. Das Schwesterchen nahm ein Messer, schnitt sich sein kleines Fingerchen ab, steckte es in das Schlüsselloch und schloß das Tor auf.

Als es eintrat, kam ihm ein Zwerglein entgegen und fragte: „Mein Kind, was suchst du?"

„Ich suche meine Brüder, die sieben Raben", entgegnete es.

Der Zwerg sprach: „Die Herren Raben sind nicht zu Hause, willst du warten, bis sie heimkommen, so tritt hier ein."

Darauf trug das Zwerglein die Speisen der Raben herein und setzte sieben Tellerlein und sieben Becherchen auf den Tisch. Von jedem Tellerchen aß das Schwesterchen ein Bröckchen, und aus jedem Becherlein trank es ein Schlückchen, in das letzte Becherchen aber ließ es das Ringlein fallen, das es mitgenommen hatte.

Mit einemmal hörte es in der Luft ein Rauschen, da sprach das Zwerglein: „Jetzt kommen die Herren Raben heimgeflogen."

Sie waren hungrig und durstig und eilten zu ihren Tellerchen und Becherchen. Wie aus einem Munde riefen sie: „Wer hat von meinem Tellerchen gegessen, wer hat aus meinem Becherlein getrunken? Das ist eines Menschen Mund gewesen."

Wie der siebente auf den Grund des Bechers kam, rollte ihm das Ringlein entgegen, und da er erkannte, daß es ein Ring von Vater und Mutter war, sprach er: „Gott gebe, unser Schwesterchen wäre da, dann wären wir erlöst."

Kaum hatte das Mädchen die Worte vernommen, da trat es hervor, und sogleich nahmen die Raben wieder ihre menschliche Gestalt an. Sie fielen der Schwester um den Hals, küßten und herzten sie und zogen vereint miteinander glückselig heim.

Von einem, der auszog, das Fürchten zu lernen

In einem kleinen Haus wohnte ein Vater mit seinen zwei Söhnen. Der eine von beiden war klug und findig und wußte, wie es in der Welt zugeht, der andere war dumm und ungeschickt, konnte nichts lernen und nichts begreifen. Die Leute, die ihn sahen, sagten:

„Mit diesem wird der Vater noch seine rechte Last haben."

Wenn etwas zu tun war, so mußte es stets der Älteste ausführen, und er war stets bereit. Sprach der Vater aber zu ihm, er solle spät oder gar in der Nacht etwas holen, und der Weg ging über einen gruseligen Ort, so antwortete er:

„Ach nein, Vater, ich gehe nicht dahin, es gruselt mir."

Wurden des Abends, wenn das Tagewerk vollbracht war, am Herd Geschichten erzählt, die einem eine Gänsehaut über den Rücken jagten, so sagten die Leute manchmal: „Ach, es gruselt uns!"

Nur der Jüngste, der in einer Ecke saß, konnte nicht begreifen, was das heißen sollte, es gruselt mir, und er meinte: „Das ist gewiß eine Kunst, von der ich nichts verstehe."

Da geschah es, daß der Vater einmal zu ihm trat und sprach: „Höre, Junge, du bist gesund und stark, es ist Zeit, daß du etwas erlernst, womit du dein Brot verdienen kannst."

Da sprach der Sohn: „Ja, Vater, ich will gern etwas erlernen, und wenn es angeht, will ich das Gruseln erlernen, denn davon verstehe ich gar nichts."

Da lachte der Ältere, der davon hörte, und dachte: Was ist doch mein Bruder für ein Dummerjahn, aus dem wird im Leben nichts, denn es ist ein wahres Sprichwort: Was ein Häkchen werden will, krümmt sich beizeiten.

Der Vater seufzte und sprach zum Jüngsten: „Das Gruseln

wirst du schon noch lernen, aber dein Brot wirst du dir damit nicht verdienen können."

Als nachmittags der Küster auf Besuch kam, sagte der Vater traurigen Herzens: „Was habe ich Sorge um meinen jüngsten Sohn, er kann nichts, er lernt nichts und ist zu allen Dingen unfähig. Denkt Euch, als ich ihn fragte, womit er sein Geld verdienen wolle, sagte er, er wolle das Gruseln lernen."

„Wenn's weiter nichts ist", erwiderte der Küster, „das Gruseln will ich ihm gern beibringen; tut ihn nur zu mir, er soll schon gehobelt werden."

Der Vater war zufrieden mit dem Vorschlag und meinte: „Vielleicht wird er ein wenig zugestutzt."

So kam der Sohn in das Haus des Küsters, um in der Kirche die Glocken zu läuten. Nach einigen Tagen weckte ihn der Küster um Mitternacht und befahl ihm, sich anzukleiden, in den Kirchturm zu steigen und dort die Glocken zu läuten.

Du sollst das Gruseln schon erlernen, dachte er und ging heimlich voraus. Als der Junge oben auf dem Turm war und das Glockenseil in die Hand nehmen wollte, gewahrte er auf der Treppe eine weiße Gestalt.

„Wer da?" rief er, aber die Gestalt rührte sich nicht. „Gib Antwort", rief der Junge, „oder schere dich fort von hier!"

Der Küster aber blieb reglos stehen, damit der Junge denken solle, er sei ein Geist.

Der Junge rief nochmals: „Was willst du hier? Sprich, wenn du ein ehrlicher Kerl bist, oder ich werfe dich zur Treppe hinab."

Der Küster dachte: An mich heran wird er sich schon nicht wagen, blieb stehen, als ob er aus Stein gehauen wäre, und gab keinen Laut von sich.

Da rief ihn der Junge zum drittenmal an, und als er wieder keine Antwort bekam, rannte er auf das Gespenst zu und stieß es die Treppe hinab, daß es in einer Ecke liegen blieb. Darauf ging er seelenruhig zu seinem Glockenstrang, läutete die Glocke, ging heim und legte sich ins Bett und schlief sogleich wieder ein.

Die Küstersfrau wartete lange vergeblich auf ihren Mann. Schließlich weckte sie den Jungen und fragte: „Weißt du nicht, wo mein Mann so lange bleibt? Er stieg dir voran auf den Turm."

„Nein", antwortete der Junge, „aber auf der Treppe hat einer gestanden, und da er keine Antwort gab, hielt ich ihn für einen Galgenstrick und warf ihn die Treppe hinab. Geht hin und seht nach, ob das Euer Mann ist; es sollte mir leid tun."

Die Frau sprang sogleich die Turmstufen hinauf und fand dort zu ihrem Schrecken ihren Mann jammernd und stöhnend in einer Ecke liegen; er hatte ein Bein gebrochen. Sie trug ihn hinab und lief dann zu dem Vater des Jungen und rief:

„Euer Sohn hat ein großes Unglück angerichtet, er hat meinen Mann die Treppe hinabgeworfen, daß er ein Bein gebrochen hat. Schafft mir sofort den Taugenichts aus unserm Haus."

Der Vater wurde blaß vor Schrecken, kam herbeigelaufen und schalt seinen Sohn heftig. Da sprach der Junge:

„Vater, hört mich an, ich bin unschuldig. Er stand da in der Nacht wie einer, der Schlimmes im Sinn hat. Ich habe ihn dreimal ermahnt, Antwort zu geben oder wegzugehen, aber er rührte sich nicht."

Da sprach der Vater: „Mit dir erlebe ich nur Unglück; gehe mir aus den Augen, ich will dich nimmer sehen."

„Ja, Vater, recht gern, wartet nur, bis Tag ist, da will ich von dannen ziehen, um das Gruseln zu lernen, damit ich doch eine Kunst verstehe, die mich ernähren soll."

„Gehe, wohin du willst, mir ist alles einerlei", sprach der Vater. Dann gab er ihm fünfzig Taler mit auf den Weg.

Als nun der Morgen anbrach, steckte der Junge seine fünfzig Taler in die Tasche, ging hinaus auf die Landstraße und sprach immer vor sich hin: „Wenn mir's nur gruselte! Wenn mir's nur gruselte!"

Da kam ein Mann daher, der hörte, was der Junge vor sich hinmurmelte, und als er ein Stück mit ihm gegangen war, sah er einen Galgen. Da sprach der Mann:

„Siehst du, dort ist ein Baum, wo sieben mit des Seilers Tochter Hochzeit gehalten haben und jetzt das Fliegen lernen. Setz dich unter die Gehängten und warte, bis die Nacht kommt, so wirst du schon das Gruseln lernen."

„Wenn's weiter nichts ist", sagte der Junge, „das ist schnell getan. Lerne ich aber so geschwind das Gruseln, so sollst du meine fünfzig Taler haben; komm nur morgen früh wieder zu mir."

Nun setzte sich der Junge unter den Galgen und wartete, bis der Abend hereinbrach.

Es war kalt, und er mußte sich ein Feuer anzünden, um nicht zu frieren. Aber um Mitternacht ging der Wind so scharf, daß ihn selbst das Feuer nicht erwärmte. Die Gehängten stießen gegeneinander an, sie bewegten sich unheimlich hin und her.

Der Junge dachte: Wie mögt ihr da oben frieren, wo mir schon hier am hellen Feuer so kalt ist!

Und weil er mit ihnen Mitleid hatte, legte er die Leiter an, stieg hinauf, knüpfte einen nach dem andern los und holte sie alle sieben herab. Darauf schürte er das Feuer an und setzte sie ringsherum, damit sie sich erwärmen sollten. Aber sie saßen da und regten sich nicht, und das Feuer ergriff ihr Kleider.

Da sprach er: „Nehmt euch mit euren Lumpen in acht, sonst hänge ich euch wieder hinauf." Die Toten hörten nicht und ließen ihre Kleider weiter brennen. Da wurde er böse und sprach:

„Wenn ihr nicht achtgeben wollt, so kann ich euch nicht helfen, aber ich will nicht mit euch verbrennen." Und er hängte einen nach dem andern wieder an den Galgen. Dann setzte er sich zu seinem Feuer und schlief bis zum anderen Morgen.

Der Mann kam, um sich nach den fünfzig Talern zu erkundigen, und fragte: „Nun, jetzt weißt du gewiß, was Gruseln ist?"

„Nein", antwortete der Junge, „woher sollte ich's wissen? Die dort oben haben den Mund nicht aufgetan und waren so dumm, daß sie ihre alten Lappen am Leib brennen ließen."

Da sagte der Mann: „Ein solcher, wie du bist, ist mir noch nicht begegnet." Er setzte seine Mütze auf und ging von dannen.

Der Junge machte sich auf seinen Weg und fing von neuem an, vor sich hin zu reden: „Ach, wenn mir's nur gruselte! Ach, wenn mir's nur gruselte!"

Das hörte ein Fuhrmann, der hinter ihm herschritt. „Was brummst du beständig?" fragte er ihn.

„Ei", antwortete der Junge, „ich wollte, daß mir's gruselte, aber niemand kann mich's lehren."

„Was redest du für dummes Zeug", sagte der Fuhrmann, „komm, gehe mit mir, ich will sehen, daß ich dich irgendwo unterbringe."

Der Junge ging mit dem Fuhrmann, und abends kamen sie in ein Wirtshaus, in dem sie übernachten wollten. Da sprach der Junge, als er in die Stube trat: „Wenn mir's nur gruselte! Wenn mir's nur gruselte!"

Der Wirt, der das hörte, lachte, daß ihm die Tränen über die Backen liefen, und sagte: „Wenn's dich danach gelüstet, dazu hättest du hier schon Gelegenheit."

„Ach, schweig still", wandte die Wirtin ein, „so mancher Vorwitzige hat schon sein Leben eingebüßt, es wäre jammerschade um das junge Blut."

Da erwiderte der Junge: „Wenn's noch so schwer wäre, ich will's lernen, deshalb bin ich ja ausgezogen." Er hielt nicht Ruhe, bis der Wirt ihm erzählte, daß nicht weit von hier ein verwunschenes Schloß sei, wo einem das Gruseln wohl ankäme, wenn einer nur drei Nächte wachte.

„Der König hat dem, der es wagen will, seine Tochter zur Frau versprochen. Sie ist die schönste Jungfrau weit und breit. Auch befinden sich in dem Schloß große Schätze, die von Geistern bewacht werden und die dann frei kämen. Schon viele haben es gewagt und sind hinein-, aber noch keiner herausgekommen."

Am anderen Morgen ging der Junge vor den König und sprach: „Wollt Ihr mir's erlauben, so will ich drei Nächte in dem verwunschenen Schloß wachen."

Dem König gefiel die Rede, und er antwortete: „Du darfst dir noch dreierlei ausbitten, aber es müssen leblose Dinge sein, und das darfst du dir mit in das Schloß nehmen."

Da erwiderte er: „So bitte ich um ein Feuer, eine Drehbank und eine Schnitzbank mit einem Messer."

Der König ließ ihm das Geforderte sogleich in das Schloß tragen.

Als es dämmerte, ging der Junge hinauf, machte sich in einer Kammer ein helles Feuer an, stellte die Schnitzbank mit dem Messer daneben und setzte sich auf die Drehbank.

„Ach, wenn's mir nur gruselte", seufzte er, „aber hier werde ich's auch nicht erlernen."

Gegen Mitternacht, als er sein Feuer aufschüren wollte und hineinblies, schrie es plötzlich von der Ecke aus:

„Au, miau, wie uns friert!"

„Ihr Narren", rief er, „was schreit ihr? Wenn euch friert, kommt, setzt euch ans Feuer und wärmt euch."

Als er das gesagt hatte, kamen zwei große schwarze Katzen in gewaltigen Sprüngen herbei, setzten sich ihm zu beiden Seiten und sahen ihn mit feurigen Augen wild an. Über ein Weilchen, als sie sich gewärmt hatten, sprachen sie: „Kamerad, wollen wir Karten spielen?"

„Warum nicht?" antwortete er. „Aber erst zeigt mal eure Pfoten her." Da streckten sie die Krallen aus. „Ei", rief er, „was habt ihr lange Nägel, wartet, die muß ich euch beschneiden." Damit packte er sie beim Kragen, hob sie auf die Schnitzbank und schraubte ihnen die Pfoten fest. „Euch habe ich auf die Finger gesehen", sprach er, „da vergeht mir die Lust zum Kartenspiel."

Damit schlug er sie tot und warf sie hinaus ins Wasser. Er freute sich, sie los zu sein, und setzte sich wieder an sein Feuer. Aber da kamen aus allen Ecken und Enden schwarze Kater und schwarze Hunde, daß er sich nicht mehr verbergen konnte, die schrien greulich, traten ihm sein Feuer auseinander und wollten es auslöschen. Das sah er sich eine Weile ruhig mit an, aber als es ihm zu bunt wurde, ergriff er sein Schnitzmesser und rief:

„Ich will euch schon lehren, fort mit euch, ihr Gesindel!"

Und er schlug auf sie los. Einige stach er nieder und warf sie hinaus in den Teich, die anderen liefen davon. Er blies sein Feuer frisch an, setzte sich hin und wärmte sich. Da er müde geworden war, fielen ihm bald die Augen zu, und es gelüstete ihn zu schlafen. Da erblickte er in einer Ecke ein großes Bett.

„Das ist mir recht", sprach er und legte sich hinein. Als er aber die Augen zumachen wollte, fing das Bett von selbst an zu fahren und fuhr im ganzen Schloß herum. „Auch gut", sprach er, „immer nur zu." Da rollte das Bett fort, als wären sechs Pferde vorgespannt, über Schwellen und Treppen, auf und ab. Auf einmal stürzte es um, das Unterste zuoberst, daß es wie ein Alp auf ihm lag.

Aber er schleuderte Betten und Decken von sich, stieg heraus

und sagte: „Nun mag fahren, wer Lust hat", legte sich vor sein Feuer und schlief bald darauf bis zum frühen Morgen.

Da öffnete sich die Tür, und der König trat herein. Als er den Jungen auf der Erde liegen sah, glaubte er, die Gespenster hätten ihn umgebracht. Da sagte er: „Es ist doch schade um den schönen Menschen."

Das hörte der Junge, richtete sich auf und sprach: „So weit, Herr König, ist's noch nicht!"

Der König freute sich und fragte, wie es ihm gegangen sei.

„Recht gut", antwortete er, „eine Nacht wäre herum, die zwei anderen werden auch herumgehen."

Als der Junge zum Wirtshaus kam, machten sie alle große Augen, und der Wirt sprach: „Ich glaubte nicht, dich je wieder lebendig vor mir zu sehen. Hast du nun gelernt, was Gruseln ist?"

„Nein", sagte er, „bis jetzt noch nicht, wenn mir's nur einer beibringen könnte!"

Als die zweite Nacht kam, ging er abermals hinauf in das Schloß, setzte sich ans Feuer und sprach seinen alten Spruch: „Wenn mir's nur gruselte, wenn mir's nur gruselte."

Wie es Mitternacht wurde, ließ sich ein Lärm und Gepolter vernehmen, erst leise, dann stärker, dann war's eine Weile still, und endlich kam mit lautem Geschrei aus dem Schornstein herab ein halber Mensch und fiel vor ihm nieder.

„Heda!" rief der Junge. „Noch ein halber Jüngling gehört dazu, das ist zuwenig."

Dann ging von neuem der Lärm los, es tobte und heulte, und dann fiel die andere Hälfte auch vom Schornstein herab.

„Warte", sprach der Junge, „ich will dir erst das Feuer ein wenig anblasen."

Als er das getan hatte und sich umsah, waren die beiden Stücke zusammengesetzt, und ein gräßlicher Mensch saß auf seinem Platz.

„So haben wir nicht gewettet", sprach der Junge, „die Bank ist mein."

Der Mann wollte ihn wegdrängen, aber der Junge leistete Widerstand, schob ihn mit Gewalt weg und setzte sich auf seinen Platz. Auf einmal fielen noch mehr Männer herab, einer nach dem andern, die holten neun Totenbeine und zwei Totenköpfe, setzten auf und spielten Kegel.

Da bekam der Junge Lust mitzutun und fragte: „Hört ihr, kann ich mit dabeisein?"

„Ja, wenn du Geld hast."

„Geld genug", antwortete er, „aber eure Kugeln sind nicht recht rund." Da nahm er die Totenköpfe, spannte sie in die Drehbank und drehte sie rund. „So, jetzt werden sie besser rollen", sprach er, „heida, nun geht's lustig!" Er spielte mit und verlor etwas Geld, aber als die Uhr die erste Stunde nach Mitternacht schlug, war alles verschwunden.

Darauf legte sich der Junge nieder und schlief ein. Am Morgen kam der König und fragte: „Wie ist's dir diesmal ergangen?"

„Ich habe gekegelt", antwortete er, „und ein paar Heller verloren."

„Hat dir denn nicht gegruselt?"

„Ei was", sprach er, „lustig war es. Wenn ich nur wüßte, was Gruseln wäre!"

In der dritten Nacht setzte er sich wieder auf seine Bank und sprach: „Wenn mir's nur gruselte!" Als es spät wurde, trat ein Mann herein, der war sehr groß, sah grauenerregend aus und hatte einen langen Bart.

„Oh, du Wicht", rief er, „jetzt wirst du das Gruseln lernen, denn du sollst sterben."

„Nicht so schnell", antwortet der Junge, „soll ich sterben, so muß ich auch dabeisein."

„Dich will ich schon packen", sagte der Unhold.

Der Junge aber sprach: „Mach dich nicht so breit! So stark wie du bin ich auch, vielleicht noch stärker."

„Das wollen wir sehen", sprach der Alte, „erweist es sich, daß du stärker bist als ich, so will ich dich gehenlassen. Komm, wir wollen's versuchen!" Darauf führte er ihn durch dunkle Gänge zu einem Schmiedefeuer, nahm eine Axt und schlug den Amboß mit einem Schlag in die Erde.

„Das kann ich noch besser", sprach der Junge, nahm die Axt, spaltete den Amboß auf einen Hieb und klemmte den Bart des Alten, der sich zu ihm gesellt hatte, mit ein. „Nun hab' ich dich", sprach der Junge, „jetzt ist das Sterben an dir."

Dann nahm er eine Eisenstange und schlug auf den Alten los, bis er wimmerte und stöhnte und bat, er möchte einhalten, er würde ihm große Reichtümer geben. Der Junge zog die Axt heraus und ließ sie los. Darauf führte ihn der Alte in das Schloß zurück und zeigte ihm in einem Keller drei Kasten voll Gold.

„Davon", sprach er, „ist ein Teil den Armen, der andere dem König und der dritte dein."

Da schlug es zwölf vom Turm, der Geist war verschwunden und der Junge stand im Dunkeln.

„Ich werde mir doch heraushelfen können", sprach er, tappte an den Wänden entlang und fand den Weg zu seiner Kammer. Dort schlief er bei seinem Feuer ein.

Am anderen Morgen kam der König wieder zu ihm und sagte: „Nun, wirst du gelernt haben, was Gruseln ist?"

„Nein", antwortete er, „was ist's nur? Ein bärtiger Alter ist gekommen, der hat mir im Keller viel Gold gezeigt, aber das Gruseln hat mir keiner beigebracht."

Da sprach der König: „Du hast das Schloß erlöst und sollst meine Tochter zur Frau haben."

„Das ist alles recht gut", antwortete der Junge, „aber ich weiß noch immer nicht, was Gruseln ist."

Da ward das Gold aus dem Keller gebracht und eine große Hochzeit gefeiert. Der junge König liebte seine schöne Gemahlin innig und war unendlich glücklich mit ihr, aber er sagte noch immer: „Wenn mir nur gruselte, wenn mir nur gruselte!" Das ärgerte die junge Königin, und sie war oft traurig.

Eines Tages sprach ihr Kammermädchen: „Herrin, ich will Hilfe schaffen; das Gruseln soll Euer hoher Gemahl wohl kennenlernen." Sie ging hinaus zum Bach und holte sich einen ganzen Eimer voll Gründlinge.

Nachts, als der junge König in seinem kostbaren Bett schlief, mußte seine Gemahlin ihm die Decke wegziehen und den ganzen Eimer mit kaltem Wasser und den Gründlingen über ihn ausschütten, daß die kleinen Fische um ihn herum zappelten.

Da wachte er auf und rief: „Ach, was gruselt mir, was gruselt mir, jetzt weiß ich, was Gruseln ist!"

Rotkäppchen

Es war einmal ein kleines Mädchen, das hatte jedermann lieb, der es nur ansah, am allerliebsten aber die Großmutter, die wußte gar nicht, was sie alles dem Kinde geben sollte. Einmal schenkte sie ihm ein Käppchen aus rotem Samt, und weil ihm das so gut stand und es nichts anderes mehr tragen wollte, hieß es nur das Rotkäppchen. Eines Tages sprach seine Mutter zu ihm:

„Rotkäppchen, hier in dem Korb liegt ein Stück Kuchen und dazu eine Flasche Wein. Bring das der Großmutter. Sie ist krank und schwach und das wird sie stärken. Mach dich auf, bevor es heiß wird, und wenn du hinauskommst, so geh geradewegs zu ihr und lauf nicht vom Pfad ab, sonst fällst du und zerbrichst die Flasche, und die Großmutter hat nichts. Und wenn du in ihre Stube kommst, so vergiß nicht guten Morgen zu sagen und guck nicht erst in alle Ecken herum!"

„Ich will schon alles gut machen", sagte Rotkäppchen zur Mutter und gab ihr die Hand darauf.

Die Großmutter aber wohnte draußen im Wald, eine halbe Stunde vom Dorf. Als nun Rotkäppchen in den Wald kam, begegnete ihm der Wolf. Rotkäppchen aber wußte nicht, was das für ein böses Tier war, und fürchtete sich nicht vor ihm. „Guten Tag, Rotkäppchen!" sprach er.

„Schönen Dank, Wolf!"

„Wo hinaus so früh, Rotkäppchen?"

„Zur Großmutter."

„Was trägst du in dem Korb?"

„Kuchen und Wein. Gestern haben wir gebacken, da soll sich die kranke und schwache Großmutter etwas zugute tun und sich damit stärken."

„Rotkäppchen, wo wohnt deine Großmutter?"

„Noch eine gute Viertelstunde weiter im Wald, unter den drei großen Eichbäumen, da steht ihr Haus, unten sind die Nußhecken, das wirst du ja wissen", sagte Rotkäppchen.

Der Wolf dachte bei sich: „Das junge, zarte Ding, das ist ein leckerer Bissen, der wird noch besser schmecken als die Alte. Du mußt es listig anfangen, damit du beide erschnappst." Er ging ein Weilchen neben Rotkäppchen her, dann sagte er: „Rotkäppchen, sieh einmal die schönen Blumen, die ringsumher stehen. Warum guckst du dich nicht um? Ich glaube, du hörst gar nicht, wie die Vöglein so lieblich singen? Du gehst ja für dich hin, als ob du zur Schule gingst, und es ist doch so lustig hier in dem Wald."

Rotkäppchen schlug die Augen auf, und als es sah, wie die Sonnenstrahlen durch die Bäume hin- und hertanzten und alles voll schöner Blumen stand dachte es: „Wenn ich der Großmutter einen bunten Strauß mitbringe, wird er ihr gewiß Freude machen. Es ist so früh am Tag, daß ich noch zu rechter Zeit ankomme", lief vom Wege ab in den Wald hinein und suchte Blumen. Und wenn es eine gepflückt hatte, meinte es, weiter weg stünde eine schönere, und lief danach und geriet immer tiefer in den Wald hinein. Der Wolf aber ging rasch zum Haus der Großmutter und klopfte an die Tür.

„Wer ist draußen?"

„Rotkäppchen, das bringt Kuchen und Wein, mach auf!"

„Drück nur auf die Klinke!" rief die Großmutter, „ich bin zu schwach und kann nicht aufstehen."

Der Wolf drückte auf die Klinke, die Tür sprang auf, und er ging, ohne ein Wort zu sprechen, zum Bett der Großmutter und verschluckte sie. Dann tat er ihre Kleider an, setzte ihre Haube auf, legte sich in ihr Bett und zog die Vorhänge zu.

Rotkäppchen war inzwischen nach den Blumen herumgelaufen, und als es so viele beisammen hatte, daß es keine mehr tragen

konnte, fiel ihm die Großmutter wieder ein, und es machte sich auf den Weg zu ihr. Es wunderte sich, daß die Tür offenstand, und als es in die Stube trat, kam es ihm so seltsam darin vor, daß es dachte: „Ei, du mein Gott, wie ängstlich wird mir's heute zumute, und ich bin doch sonst gerne bei der Großmutter!" Es rief: „Guten Morgen!", bekam aber keine Antwort. Darauf ging es zum Bett und zog die Vorhänge zurück. Da lag die Großmutter und hatte die Haube tief im Gesicht und sah so wunderlich aus.

„Ei, Großmutter, warum hast du auf einmal so große Ohren!"

„Damit ich dich besser hören kann!"

„Ei, Großmutter, warum hast du so große Augen!"

„Damit ich dich besser sehen kann!"

„Ei, Großmutter, was hast du für große Hände!"

„Daß ich dich besser packen kann!"

„Aber Großmutter, was hast du für ein großes Maul!"

„Daß ich dich besser fressen kann!"

Kaum hatte der Wolf das gesagt, so tat er einen Satz aus dem Bett und verschlang das arme Rotkäppchen.

Als der Wolf sein Verlangen gestillt hatte, legte er sich wieder ins Bett, schlief ein und fing an, laut zu schnarchen.

Der Jäger ging eben an dem Haus vorbei und dachte: „Wie die alte Frau schnarcht! Du mußt doch sehen, ob ihr etwas fehlt." Er trat in die Stube, und als er vor das Bett trat, sah er, daß der Wolf darin lag. „Finde ich dich hier, du alter Gauner", sagte er, „ich habe dich lange gesucht."

Nun wollte er seine Büchse anlegen, da fiel ihm ein, der Wolf könnte die Großmutter gefressen haben, und sie wäre noch zu retten. Er schoß also nicht, sondern nahm eine Schere und fing an, dem schlafenden Wolf den Bauch aufzuschneiden.

Kaum hatte er ein paar Schnitte getan, sah er das rote Käppchen leuchten, und noch ein paar Schnitte, da sprang das Mädchen heraus. Und dann kam die alte Großmutter auch noch lebendig heraus.

Rotkäppchen holte geschwind große Steine, damit füllten sie dem Wolf den Leib, und als er aufwachte, wollte er fortspringen, aber die Steine waren so schwer, daß er tot umfiel.

Da waren alle drei vergnügt. Der Jäger zog dem Wolf den Pelz ab und ging damit heim; die Großmutter aß den Kuchen und trank den Wein, den Rotkäppchen gebracht hatte, und erholte sich wieder; Rotkäppchen aber dachte: „Ich will mein Lebtag nicht wieder allein vom Wege ab in den Wald laufen, wenn mir's die Mutter verboten hat."

Schneewittchen

Es war einmal eine Königin, die saß im Winter, als der Schnee in dichten Flocken vom Himmel fiel, an einem Fenster, das einen Rahmen von schwarzem Ebenholz hatte, und nähte. Und während sie so nähte und nach dem Schnee hinausblickte, stach sie sich mit der Nadel in den Finger, und es fielen drei Tropfen Blut in den Schnee. Die drei roten Tupfen in dem Schnee sahen so schön aus, und da dachte sie bei sich: „Hätte ich ein Kind, so weiß wie Schnee, so rot wie Blut und so schwarz wie das Holz an dem Rahmen!"

Bald darauf bekam sie ein Töchterlein, das war so weiß wie Schnee, so rot wie Blut und so schwarzhaarig wie Ebenholz und wurde darum Schneewittchen genannt. Doch als das Kind geboren war, starb die Königin.

Ein Jahr danach nahm sich der König eine andere Gemahlin. Sie war eine schöne Frau, aber sie war stolz und hochmütig und konnte nicht leiden, daß sie an Schönheit von jemand übertroffen werden sollte. Sie hatte einen wunderbaren Spiegel. Wenn sie vor den trat und sich darin beschaute, sprach sie:

„Spieglein, Spieglein an der Wand,
wer ist die Schönste im ganzen Land?",
und der Spiegel antwortete:

„Frau Königin, Ihr seid die Schönste im Land."

Dann war sie zufrieden, denn sie wußte: der Spiegel sagte die Wahrheit. Schneewittchen aber wuchs heran und wurde immer schöner, so schön wie der klare Tag.

Als die Königin wieder einmal ihren Spiegel fragte:

„Spieglein, Spieglein an der Wand,
wer ist die Schönste im ganzen Land?",
so antwortete er:

„Frau Königin, Ihr seid die Schönste hier,
aber Schneewittchen ist tausendmal schöner als Ihr!"

Da erschrak die Königin und wurde gelb und grün vor Neid. Von Stund an, wenn sie Schneewittchen erblickte, kehrte sich ihr das Herz im Leibe herum, so haßte sie das Mädchen. Und Neid und Hochmut wuchsen wie Unkraut in ihrem Herzen immer höher, so daß sie Tag und Nacht keine Ruhe mehr hatte. Also rief sie einen Jäger und sprach:

„Bring Schneewittchen hinaus in den Wald, ich will's nicht mehr vor meinen Augen sehen. Du sollst es töten und mir Lunge und Leber zum Wahrzeichen mitbringen."

Der Jäger erschrak, aber er mußte gehorchen. Als er den Hirschfänger gezogen hatte, um Schneewittchens Herz zu durchbohren, fing es an zu weinen und sprach:

„Ach, lieber Jäger, laß mir mein Leben! Ich will in den tiefen Wald laufen und nimmermehr heimkommen."

Der Jäger hatte Mitleid und sprach: „Lauf hin mein Kind!"

Die wilden Tiere werden es bald gefressen haben, dachte er, und doch fiel ihm ein Stein von seinem Herzen, weil er es nicht selbst zu töten brauchte. Und als gerade ein junges Wildschwein dahergesprungen kam, stach er es ab, nahm Lunge und Leber heraus und brachte sie als Wahrzeichen der Königin mit.

Nun war das arme Schneewittchen in dem großen Wald ganz allein, es wurde ihm so angst und bang, daß es nicht wußte, wohin es sich wenden sollte.

Da fing es an zu laufen und lief über hartes Gestein und durch spitze Dornen, und die wilden Tiere schauten ihm verwundert nach, aber sie taten ihm nichts.

Es lief, solange die Füße noch konnten, bis es bald Abend werden wollte. Da sah es ein winziges Haus und ging hinein, sich auszuruhen.

In dem Häuschen war alles klein, aber sehr hübsch und reinlich. Da stand ein weißgedecktes Tischlein mit sieben kleinen
Tellern, jedes Tellerlein mit seinem Löffelein, dazu sieben Mes-
serlein und Gäbelein und sieben Becherlein. An der Wand waren
sieben Bettlein nebeneinander aufgestellt und schneeweiße
Laken darüber gedeckt.

Schneewittchen war sehr hungrig und durstig, und so aß es von
jedem Tellerlein ein wenig Gemüse und Brot und trank aus
jedem Becherlein einen Tropfen Wein, denn es wollte nicht
einem alles wegnehmen. Und weil es so müde war, wollte es sich
in ein Bettchen legen, aber keins paßte. Das eine war zu schmal,
daß andere zu kurz, bis endlich das siebente recht war; und darin
blieb Schneewittchen liegen, empfahl sich Gott und schlief ein.

Als es ganz dunkel geworden war, kamen die Herren von dem
Häuslein heim. Es waren sieben Zwerge, die in den Bergen nach
Erz hackten und gruben. Sie zündeten ihre sieben Lichtlein an,
und wie es nun hell im Häuslein wurde, sahen sie, daß jemand
darin gewesen war, denn es stand nicht alles so in der Ordnung,
wie sie es verlassen hatten.

Der erste sprach: „Wer hat auf meinem Stühlchen gesessen?"
Der zweite: „Wer hat von meinem Tellerchen gegessen?"
Der dritte: „Wer hat von meinem Brötchen genommen?"
Der vierte: „Wer hat von meinem Gemüschen gegessen?"
Der fünfte: „Wer hat mit meinem Gäbelchen gegessen?"
Der sechste: „Wer hat mit meinem Messerchen geschnitten?"
Der siebente: „Wer hat aus meinem Becherlein getrunken?"

Dann sah er sich um und erblickte Schneewittchen. Er rief die
anderen. „Ei, du mein Gott! Ei, du mein Gott!" riefen sie, „wie is
das Mädchen so schön!" Und sie hatten so große Freude, daß sie
es nicht aufweckten. Der siebente Zwerg schlief bei seinen Gesellen, bei jedem eine Stunde, dann war die Nacht um.

Als Schneewittchen erwachte und die sieben Zwerge sah, erschrak es. Sie waren aber freundlich und fragten: „Wie heißt du?"

„Ich heiße Schneewittchen", antwortete es.

„Wie bist du in unser Haus gekommen?" fragten die Zwerge. Da erzählte es ihnen, seine Stiefmutter hätte es umbringen lassen wollen, der Jäger aber habe ihm das Leben geschenkt. Es sei gelaufen den ganzen Tag, bis es endlich ihr Häuslein gefunden hätte.

Die Zwerge sprachen: „Willst du unseren Haushalt versehen und alles ordentlich und reinlich halten, so kannst du bei uns bleiben, und es soll dir an nichts fehlen."

„Ja", sagte Schneewittchen, „von Herzen gern!" und blieb bei ihnen. Es hielt ihnen das Haus in Ordnung. Morgens gingen sie in die Berge und suchten Erz und Gold, abends kamen sie wieder, und dann mußte ihr Essen bereit sein. Den ganzen Tag über war das Mädchen allein; darum warnten es die guten Zwerglein:

„Hüte dich vor deiner Stiefmutter! Sie wird bald wissen, daß du hier bist; laß niemanden ein!"

Die Königin aber dachte nicht anders, als sie wäre wieder die Allerschönste, trat vor ihren Spiegel und sprach:

„Spieglein, Spieglein an der Wand,
wer ist die Schönste im ganzen Land?"

Da antwortete der Spiegel:

„Frau Königin, Ihr seid die Schönste hier,
aber Schneewittchen hinter den Bergen
bei den sieben Zwergen
ist noch tausendmal schöner als Ihr."

Da wußte sie, daß Schneewittchen noch am Leben war. Und so sann sie aufs neue, wie sie es umbringen könnte. Und als sie sich endlich etwas ausgedacht hatte, färbte sie ihr Gesicht und kleidete ich wie eine alte Krämerin und war ganz unkenntlich. In dieser

Gestalt humpelte sie über die sieben Berge zu den sieben Zwergen, klopfte an die Tür und rief:

„Schöne Ware feil, feil!"

Schneewittchen schaute zum Fenster hinaus und rief: „Guten Tag, liebe Frau! Was habt Ihr zu verkaufen?"

„Gute Ware", antwortete sie, „Schnürbänder in allen Farben", und sie holte eines hervor, das aus bunter Seide geflochten war.

„Die ehrliche Frau kann ich hereinlassen", dachte Schneewittchen, riegelte die Tür auf und kaufte sich das hübsche Schnürband.

„Kind", sprach die Alte, „wie du aussiehst! Komm, ich will dich einmal ordentlich schnüren." Schneewittchen hatte keinen Argwohn, stellte sich vor sie und ließ sich mit dem neuen Schnürband schnüren. Aber die Alte schnürte so fest, daß dem Schneewittchen der Atem verging und es wie tot hinfiel.

„Nun bist du die Schönste gewesen", sagte sie und eilte hinaus.

Nicht lange darauf, zur Abendzeit, kamen die sieben Zwerge nach Hause; aber wie erschraken sie, als sie ihr liebes Schneewittchen auf der Erde liegen sahen. Als sie bemerkten, daß es zu fest geschnürt war, schnitten sie das Schnürband entzwei; da fing es ein wenig zu atmen an und wurde nach und nach wieder lebendig.

Als die Zwerge hörten, was geschehen war, sprachen sie: „Die alte Krämerfrau war niemand anderes als die gottlose Königin. Hüte dich und laß keinen Menschen herein, wenn wir nicht bei dir sind!"

Das böse Weib aber trat vor den Spiegel und fragte:

„Spieglein, Spieglein an der Wand,
wer ist die Schönste im ganzen Land?"

Da antwortete er wie sonst:

„Frau Königin, Ihr seid die Schönste hier,
aber Schneewittchen hinter den Bergen
bei den sieben Zwergen
ist noch tausendmal schöner als Ihr."

Als sie das hörte, erschrak sie noch mehr, denn sie wußte, daß Schneewittchen wieder lebendig geworden war. „Nun aber", dachte sie, „will ich etwas aussinnen, das es zugrunde richten soll." Und mit Hexenkünsten, die sie verstand, machte sie einen giftigen Kamm. Dann verkleidete sie sich und nahm die Gestalt eines anderen alten Weibes an. So ging sie hin über die sieben Berge zu den sieben Zwergen, klopfte an die Tür und rief:

„Gute Ware feil, feil!"

Schneewittchen rief: „Geht weiter, ich darf niemanden einlassen!"

„Das Ansehen wird dir doch erlaubt sein", sagte die Alte, zog den giftigen Kamm heraus und hielt ihn in die Höhe. Er gefiel Schneewittchen so gut, daß es die Tür öffnete.

„Nun will ich dich einmal ordentlich kämmen", sagte die Alte.

Das arme Schneewittchen dachte an nichts Böses und ließ die Alte gewähren, aber kaum hatte sie den Kamm in die Haare gesteckt, als das Gift darin wirkte und das Mädchen ohne Besinnung niederfiel.

„Du Ausbund von Schönheit", sprach das boshafte Weib, „jetzt ist's um dich geschehen" und ging fort.

Zum Glück aber kamen die sieben Zwerglein bald nach Hause. Sie hatten gleich die Stiefmutter in Verdacht, suchten nach und fanden den giftigen Kamm. Und kaum hatten sie ihn herausgezogen, so kam Schneewittchen wieder zu sich und erzählte, was vorgegangen war. Da warnten sie es noch einmal, auf der Hut zu sein und niemandem die Tür zu öffnen.

Die Königin stellte sich daheim vor den Spiegel und sprach:

"Spieglein, Spieglein an der Wand,
wer ist die Schönste im ganzen Land?"

Da antwortete er wie vorher:

"Frau Königin, Ihr seid die Schönste hier,
aber Schneewittchen hinter den Bergen
bei den sieben Zwergen
ist noch tausendmal schöner als Ihr."

Als sie den Spiegel so reden hörte, zitterte und bebte sie vor Zorn. "Schneewittchen soll sterben", rief sie, "und wenn es mein eigenes Leben kostet!" Darauf ging sie in eine ganz verborgene einsame Kammer, wo niemand hinkam und machte einen giftigen, ungemein giftigen Apfel. Äußerlich sah er schön aus, weiß mit roten Backen, daß jeder Lust bekam hineinzubeißen. Aber wer ein Stückchen davon aß, der mußte sterben. Als der Apfel fertig war, färbte sie sich das Gesicht und verkleidete sich in eine Bauersfrau, und so ging sie über die sieben Berge zu den sieben Zwergen. Sie klopfte an, Schneewittchen streckte den Kopf zum Fenster heraus und rief:

"Ich darf keinen Menschen einlassen, die sieben Zwerge haben es mir verboten!"

"Mir auch recht", antwortete die Bäuerin, "meine Äpfel will ich schon loswerden. Da, einen will ich dir schenken."

"Nein", sprach Schneewittchen, "ich darf nichts annehmen!"

"Fürchtest du dich vor Gift?" sprach die Alte, "siehst du, da schneide ich den Apfel in zwei Teile; den roten iß du, den weißen will ich essen." Der Apfel war aber so geschickt gemacht, daß der rote Teil allein vergiftet war. Schneewittchen schaute den schönen Apfel an, und als es sah, daß die Bäuerin davon aß, so konnte es nicht länger widerstehen, steckte die Hand hinaus und nahm die giftige Hälfte. Kaum aber hatte es einen Bissen davon im Mund, so fiel es tot zur Erde nieder. Da betrachtete es die Königin mit grausigen Blicken und lachte überlaut und sprach: „Weiß wie Schnee, rot wie Blut, schwarz wie Ebenholz! Diesmal können dich die Zwerge nicht wieder erwecken." Und als sie daheim den Spiegel befragte:

>„Spieglein, Spieglein an der Wand,
>wer ist die Schönste im ganzen Land?",

so antwortete er endlich:

>„Frau Königin, Ihr seid die Schönste im Land."

Da hatte ihr neidisches Herz Ruhe, so gut ein neidisches Herz Ruhe haben kann.

Die Zwerglein, als sie abends nach Hause kamen, fanden Schneewittchen auf der Erde liegen, und es ging kein Atem mehr aus seinem Mund – es war tot. Sie hoben es auf, suchten, ob sie etwas Giftiges fänden, schnürten es auf, kämmten ihm die Haare, wuschen es mit Wasser und Wein, aber es half alles nichts; das liebe Schneewittchen war tot. Sie legten es auf eine Bahre und setzten sich alle sieben daran und beweinten es, und das drei Tage lang. Dann wollten sie es begraben, aber es sah noch so frisch aus wie ein lebender Mensch.

„Das können wir nicht in die schwarze Erde versenken", meinten sie und ließen einen durchsichtigen Sarg aus Glas machen, daß man es von allen Seiten sehen konnte, legten es hinein und schrieben mit goldenen Buchstaben seinen Namen darauf und daß es eine Königstochter wäre. Dann setzten sie den Sarg oben auf den Berg, und einer von ihnen blieb immer dabei und bewachte ihn. Und alle Tiere kamen und beweinten Schneewittchen ebenfalls.

Nun lag Schneewittchen lange, lange Zeit in dem Sarg, doch es sah noch immer aus, als ob es schliefe, denn es war noch so weiß wie Schnee, so rot wie Blut und so schwarzhaarig wie Ebenholz.

Da geschah es, daß ein Königssohn in den Wald geriet und zu dem Zwergenhaus kam, um zu übernachten. Er sah den Sarg auf dem Berg und das schöne Schneewittchen darin und bat die Zwerge:

„Laßt mir den Sarg, ich will euch geben, was ihr dafür haben wollt."

Aber die Zwerge antworteten: „Wir geben ihn nicht um alles Gold in der Welt."

Da sprach er: „So schenkt ihn mir, denn ich kann nicht leben, ohne Schneewittchen zu sehen, ich will es ehren und hochachten wie mein Liebstes."

Die guten Zwerglein hatten Mitleid mit ihm und gaben ihm den Sarg. Der Königssohn ließ ihn nun von seinen Dienern auf den Schultern forttragen. Da geschah es, daß sie über eine Wurzel stolperten, und von der Erschütterung fuhr das giftige Apfelstück, das Schneewittchen abgebissen hatte, aus dem Hals. Es dauerte nicht lange, so öffnete es die Augen, hob den Deckel vom Sarg in die Höhe und richtete sich auf und war wieder lebendig. „Ach Gott, wo bin ich?" rief es. Der Königssohn sagte voll Freude: „Du bist bei mir", und er erzählte, was sich zugetragen hatte, und sprach: „Ich habe dich lieber als alles auf der Welt; komm mit mir in meines Vaters Schloß, du sollst meine Gemahlin werden." Da war Schneewittchen überglücklich und ging mit ihm, und für ihre Hochzeit wurde große Pracht und alle Herrlichkeiten angeordnet.

Zu dem Feste wurde aber auch Schneewittchens Stiefmutter eingeladen. Als sie ihre schönen Kleider angetan hatte, trat sie vor den Spiegel und sprach:

„Spieglein, Spieglein an der Wand,
wer ist die Schönste im ganzen Land?"

Der Spiegel antwortete:

„Frau Königin, Ihr seid die Schönste hier,
aber die junge Königin ist noch tausendmal schöner als
Ihr."

Da stieß die böse Frau einen Fluch aus. Sie wollte zuerst gar
nicht auf die Hochzeit gehen, doch ließ es ihr keine Ruhe, sie
mußte die junge Königin sehen. Und als sie eintrat, erkannte sie
Schneewittchen, und vor Angst und Schrecken stand sie da und
konnte sich nicht regen. Aber es waren schon eiserne Pantoffeln
übers Kohlenfeuer gestellt und wurden mit Zangen hereingetra-
gen und vor sie hingestellt. Da mußte sie in die rotglühenden
Schuhe treten und so lange tanzen, bis sie tot zur Erde fiel.

Der Froschkönig

Es war einmal ein König, der hatte eine Tochter, die noch schöner als ihre schönen älteren Schwestern war, so schön, daß selbst die Sonne sich verwunderte, wenn sie ihr ins Gesicht schien.

Bei dem Schloß des Königs lag ein Brunnen. Wenn nun der Tag sehr heiß war, ging die Prinzessin hinaus und setzte sich an den Rand des kühlen Brunnens. Manchmal nahm sie eine goldene Kugel mit, warf sie in die Luft und fing sie wieder auf. Das war ihr liebstes Spiel.

Dabei geschah es einmal, daß die goldene Kugel der Prinzessin nicht in ihre Hände fiel, die sie in die Höhe streckte, sondern auf die Erde schlug und rasch ins Wasser rollte. Die Prinzessin lief ihr nach, aber die Kugel verschwand, und der Brunnen war so tief, daß man keinen Grund sah.

Da fing die Prinzessin an zu weinen und weinte immer lauter und konnte sich gar nicht trösten. Plötzlich hörte sie, wie jemand rief: „Was weinst du, Königstochter, daß es einen Stein erweichen möchte."

Sie blickte sich um und entdeckte einen Frosch, der seinen dicken, häßlichen Kopf aus dem Wasser streckte.

„Ach, du bist's, alter Wasserpatscher", sagte sie, „ich weine über meine goldene Kugel, die mir in den Brunnen gefallen ist."

„Sei nicht betrübt", antwortete der Frosch, „ich kann dir helfen. Was gibst du mir, wenn ich dein Spielzeug wieder heraufhole?"

„Was du haben willst, lieber Frosch", sagte sie, „meine Kleider, meine Perlen und Edelsteine, auch noch die goldene Krone, die ich trage."

Der Frosch antwortete: „Deine Kleider, deine Perlen und Edelsteine und deine goldene Krone behalte nur, die mag ich nicht. Ich wünsche mir, daß du mich liebhast, ich möchte dein Gefährte und Spielkamerad sein, an deinem Tisch neben dir sitzen, von deinem goldenen Teller essen, aus deinem Becher trinken, in deinem Bett schlafen. Wenn du mir das versprichst, so will ich hinuntertauchen und dir die goldene Kugel wieder heraufholen."

„Ach ja", sagte sie, „ich verspreche dir alles, was du willst, wenn du mir nur die Kugel wiederbringst." Sie dachte aber: Was schwätzt der einfältige Frosch. Der sitzt im Wasser und quakt und kann keines Menschen Gefährte sein.

Der Frosch tauchte seinen Kopf unter Wasser und nach einer Weile kam er wieder herauf, und warf die Kugel ins Gras.

Die Prinzessin freute sich sehr, als sie ihr schönes Spielzeug wieder erblickte, hob es auf und sprang damit fort.

„Warte, warte", rief der Frosch, „nimm mich mit, ich kann nicht so laufen wie du!" Aber was half es ihm, daß er ihr so laut nachquakte, wie er konnte! Sie hörte nicht darauf, eilte nach Haus und hatte bald den armen Frosch vergessen, der wieder in seinen Brunnen hinabtauchen mußte.

Am anderen Tage, als sie mit dem König und allen Hofleuten sich zur Tafel gesetzt hatte und von ihrem goldenen Teller aß, da kam, plitsch-platsch, plitsch-platsch, etwas die Marmortreppe heraufgekrochen, und als es oben angelangt war, klopfte es an die Tür und rief:

„Königstochter, jüngste, mach mir auf!"

Sie lief und wollte sehen, wer nach ihr riefe. Als sie aufmachte, saß der Frosch davor. Da warf sie die Tür heftig zu, setzte sich wieder an den Tisch, und es war ihr ganz elend zumute. Der König sah wohl, daß ihr das Herz gewaltig klopfte, und sprach: „Mein Kind, was fürchtest du dich, steht etwa ein Riese vor der Tür und will dich holen?"

„Ach nein", antwortete sie, „es ist kein Riese, sondern ein garstiger Frosch."

„Was will der Frosch von dir?"

„Ach, lieber Vater, als ich gestern bei dem Brunnen saß und spielte, fiel meine goldene Kugel ins Wasser. Und weil ich so weinte, hat sie der Frosch wieder heraufgeholt, und weil er es durchaus verlangte, versprach ich ihm, er solle mein Gefährte werden. Ich dachte aber nicht, daß er aus seinem Wasser herauskönnte. Nun ist er draußen und will zu mir herein."

Da klopfte es zum zweitenmal und rief:

> „Königstochter, jüngste, mach mir auf,
> weißt du nicht, was gestern du zu mir gesagt
> bei dem kühlen Wasserbrunnen?
> Königstochter, jüngste, mach mir auf!"

„Was du versprochen hast, mußt du auch halten", sagte der König, „geh nur und mach ihm auf."

Sie ging und öffnete die Tür, da hüpfte der Frosch herein.

„Heb mich auf deinen Stuhl!" rief er.

Sie zauderte, bis es endlich der König befahl.

Als der Frosch erst auf dem Stuhl war, wollte er auf den Tisch, und als er dort saß, sprach er: „Nun schieb mir deinen goldenen Teller näher, damit wir zusammen essen."

Das tat sie zwar, aber man sah wohl, daß sie es nicht gerne tat.

Der Frosch ließ es sich gut schmecken, aber ihr blieb fast jeder Bissen im Halse stecken. Endlich sprach er: „Ich habe mich satt gegessen und bin müde. Nun trag mich in dein Kämmerlein und mach dein seidenes Bett zurecht, da wollen wir uns schlafen legen." Die Prinzessin fing an zu weinen und fürchtete sich vor dem kalten Frosch, den sie sich nicht anzurühren getraute und der nun in ihrem schönen reinen Bett schlafen sollte.

Der König aber wurde zornig und sprach: „Wer dir geholfen hat den sollst du nachher nicht verachten."

Also faßte sie ihn mit zwei Fingern, trug ihn hinauf und setzte ihn in eine Ecke. Als sie aber im Bett lag, kam er gekrochen und sprach:

„Ich bin müde, ich will schlafen so gut wie du: heb mich herauf, oder ich sag's deinem Vater." Da wurde sie bitterböse, holte ihn herauf und warf ihn mit allen Kräften gegen die Wand. „Nun wirst du Ruhe geben, du garstiger Frosch."

Als er aber herabfiel, war er kein Frosch, sondern ein Königssohn mit schönen freundlichen Augen. Der wurde nach ihres Vaters Willen ihr lieber Gemahl. Er erzählte ihr, er sei von einer bösen Hexe verwünscht worden und niemand hätte ihn aus dem Brunnen erlösen können als sie allein. Dann schliefen sie ein.

Am anderen Morgen kam ein Wagen mit acht weißen Pferden angefahren, und hinten stand der Diener des jungen Königs, das war der treue Heinrich.

Der war so betrübt, als sein Herr in einen Frosch verwandelt worden war, daß er drei eiserne Bande um sein Herz legen ließ, damit es ihm nicht vor Weh und Traurigkeit zerspränge.

Der Wagen sollte den jungen König in sein Reich abholen; der treue Heinrich hob beide hinein, stellte sich hinten auf und war voller Freude über die Erlösung. Und als sie ein Stück Wegs gefahren waren, hörte der Königssohn, daß es hinter ihm krachte, als sei etwas gebrochen. Da drehte er sich um und rief:

„Heinrich, der Wagen bricht!"
„Nein, Herr, der Wagen nicht,
es ist ein Band von meinem Herzen,
das da lag in großen Schmerzen,
als Ihr in dem Brunnen saßt,
und als Ihr ein Fröschlein wart."

Noch einmal und noch einmal krachte es auf dem Weg, und der Königssohn meinte immer, der Wagen bräche, und es waren doch nur die Bande, die vom Herzen des treuen Heinrich absprangen, weil sein Herr erlöst und glücklich war.

Tischlein deck dich

Es war einmal ein Schneider, der drei Söhne hatte und nur eine einzige Ziege, die sie alle zusammen mit ihrer Milch ernährte. So mußte sie gutes Futter haben und täglich hinaus auf die Weide geführt werden. Die Söhne taten das der Reihe nach. Der älteste brachte sie auf den Kirchhof, wo die schönsten Kräuter standen. Abends, als es Zeit war heimzugehen, fragte er: „Ziege, bist du satt?" Die Ziege antwortete:

> „Ich bin so satt,
> ich mag kein Blatt, mäh! mäh!"

„So komm nach Haus", sprach der Junge, faßte sie am Strick, führte sie in den Stall und band sie fest.

„Nun", sagte der alte Schneider, „hat die Ziege ihr gehöriges Futter?"

„Oh ja", antwortete der Sohn, „die ist so satt, sie mag kein Blatt."

Der Vater aber wollte sich selbst überzeugen, ging in den Stall, streichelte das geliebte Tier und fragte:

„Ziege, bist du auch satt?" Die Ziege antwortete:

> „Wovon sollt' ich satt sein?
> Ich sprang nur über Gräbelein
> und fand kein einzig Blättelein, mäh! mäh!"

„Was muß ich hören!" rief der Schneider, lief hinauf und sprach zu dem Jungen: „Ei, du Lügner sagst, die Ziege wäre satt, und hast sie hungern lassen?"

Und in seinem Zorn nahm er die Elle von der Wand und jagte ihn mit Schlägen hinaus.

Am andern Tag war die Reihe am zweiten Sohn, der suchte an

der Gartenhecke einen Platz aus, wo lauter gute Kräuter standen, und die Ziege fraß sie ganz ab. Abends fragte er: „Ziege, bist du satt?" Die Ziege antwortete:

> „Ich bin so satt,
> ich mag kein Blatt, mäh! mäh!"

„So komm nach Haus", sprach er und zog mit ihr heim.

„Nun", fragte der Schneider, „hat die Ziege ihr gehöriges Futter?"

„Gewiß", antwortete der Sohn, „die ist so satt, sie mag kein Blatt."

Der Schneider wollte sich darauf nicht verlassen, ging in den Stall und fragte: „Ziege, bist du auch satt?" Die Ziege antwortete:

> „Wovon sollt' ich satt sein?
> Ich sprang nur über Gräbelein
> und fand kein einzig Blättelein, mäh! mäh!"

„Der gottlose Bösewicht!" schrie der Schneider. „So ein braves Tier hungern zu lassen!" Dann lief er hinauf und schlug mit der Elle den Jungen zur Haustür hinaus.

Die Reihe kam jetzt an den dritten Sohn. Der wollte seine Sache gut machen, suchte Buschwerk mit dem besten Laub aus und ließ die Ziege daran fressen. Abends fragte er: „Ziege, bist du satt?" Die Ziege antwortete:

> „Ich bin so satt,
> ich mag kein Blatt, mäh! mäh!"

„So komm nach Haus", sagte der Junge und führte sie heim.

„Nun", sagte der alte Schneider, „hat die Ziege ihr gehöriges Futter?"

„Aber ja", versicherte der Sohn, „die ist so satt, sie mag kein Blatt."

Der Schneider traute ihm nicht, ging hinab und fragte: „Ziege, bist du auch satt?" Das boshafte Tier antwortete:

> „Wovon sollt' ich satt sein?
> Ich sprang nur über Gräbelein
> und fand kein einzig Blättelein, mäh! mäh!"

„Oh, ihr schlimmen Söhne!" rief der Schneider. „Ihr sollt mich nicht länger zum Narren halten!" Und vor Zorn ganz außer sich, sprang er hinauf und gerbte dem armen Jungen mit der Elle den Rücken so gewaltig, daß er zum Haus hinaussprang.

Der alte Schneider war nun mit seiner Ziege allein. Am anderen Morgen ging er hinab in den Stall, liebkoste die Ziege und sprach: „Komm, mein liebes Tierlein, ich will dich selbst zur Weide führen." Er nahm sie am Strick und brachte sie zu grünen Hecken und saftigen Kräutern und was sonst die Ziegen gerne fressen. „Da kannst du dich einmal nach Herzenslust satt fressen", sprach er zu ihr und ließ sie weiden bis zum Abend. Dann fragte er: „Ziege, bist du satt?" Sie antwortete:

> „Ich bin so satt,
> ich mag kein Blatt, mäh! mäh!"

„So komm nach Haus", sagte der Schneider, führte sie in den Stall und band sie fest. Als er wegging, kehrte er sich noch einmal um und sagte: „Nun bist du doch einmal satt?" Aber die Ziege machte es ihm nicht besser und rief:

> „Wovon sollt' ich satt sein?
> Ich sprang nur über Gräbelein
> und fand kein einzig Blättelein, mäh! mäh!"

Als der Schneider das hörte, stutzte er und wußte, daß er seine drei Söhne ohne Grund verstoßen hatte. „Warte", rief er, „du undankbares Geschöpf! Dich fortzujagen ist noch zu wenig, ich will dich zeichnen, daß du dich unter ehrbaren Schneidern nicht mehr darfst sehen lassen." Eilig sprang er hinauf, holte sein Bartmesser, seifte der Ziege den Kopf ein und schor sie so glatt wie seine flache Hand. Und weil die Elle zu ehrenvoll gewesen wäre, holte er die Peitsche und versetzte ihr solche Hiebe, daß sie in gewaltigen Sprüngen davonlief.

Der Schneider saß nun ganz einsam und traurig in seinem Haus. Er hätte seine Söhne gerne wiedergehabt, aber niemand wußte, wo sie hingeraten waren.

Der älteste war zu einem Schreiner in die Lehre gegangen. Er lernte fleißig, und als seine Zeit um war, schenkte ihm der Meister einen kleinen Tisch, der gar kein besonderes Aussehen hatte und von gewöhnlichem Holz war. Aber er hatte eine ganz besonders gute Eigenschaft. Wenn man ihn hinstellte und sprach: „Tischlein, deck dich!", so war er auf einmal mit einem sauberen Tuch bedeckt, und darauf stand ein Teller und lagen Messer und Gabel daneben, dazu waren Schüsseln mit Gesottenem und Gebratenem da und ein großes Glas, in dem roter Wein leuchtete, daß einem das Herz lachte.

Der junge Geselle dachte: „Damit hast du genug für dein Lebtag", zog guter Dinge in der Welt umher und bekümmerte sich gar nicht darum, ob ein Wirtshaus gut oder schlecht und ob etwas darin zu finden war oder nicht. Wenn es ihm gefiel, kehrte er gar nicht ein, sondern im Felde, im Wald, auf einer Wiese, wo er Lust hatte, nahm er seinen Tisch vom Rücken, stellte ihn vor sich und sprach: „Tischlein deck dich!", so war alles da, was er begehrte.

Endlich kam es ihm in den Sinn, er wollte zu seinem Vater zurückkehren. Mit dem „Tischlein-deck-dich" würde er ihn gerne wieder aufnehmen. Abends kam er auf dem Heimweg bei einem Wirtshaus an, das mit Gästen angefüllt war. Sie luden ihn ein, sich zu ihnen zu setzen und mit ihnen zu essen, sonst würde er schwerlich noch etwas bekommen.

„Nein", sagte der Schreiner, „ihr sollt meine Gäste sein."

Sie lachten und meinten, er triebe seinen Spaß mit ihnen. Er aber stellte seinen kleinen Tisch mitten in die Stube und sprach: „Tischlein, deck dich!" Augenblicklich war es mit Speisen besetzt, so gut, wie sie der Wirt nicht hätte herbeischaffen können.

„Zugegriffen, liebe Freunde!" rief der Schreiner, und die Gäste ließen sich nicht zweimal bitten, rückten heran und griffen tapfer zu. Am meisten aber verwunderte es sie, daß eine leer gewordene Schüssel verschwand und sich gleich von selbst eine volle an ihren Platz stellte.

Der Wirt stand in einer Ecke und dachte bei sich: „Einen solchen Koch könntest du in deiner Wirtschaft wohl brauchen."

Der Schreiner und seine Gesellschaft waren lustig bis in die späte Nacht. Endlich legten sie sich schlafen, und der junge Geselle ging auch zu Bett und stellte seinen Wünschtisch an die Wand. Dem Wirt aber ließen seine Gedanken keine Ruhe, es fiel ihm ein, daß in seiner Rumpelkammer ein Tisch stand, der geradeso aussah. Den holte er ganz leise herbei und vertauschte ihn mit dem Wünschtisch.

Am anderen Morgen zahlte der Schreiner sein Schlafgeld, packte seinen Tisch auf, ahnte gar nicht, daß er einen falschen hätte, und ging seiner Wege. Zu Mittag kam er bei seinem Vater an, der ihn mit großer Freude empfing.

„Nun, mein lieber Sohn, was hast du gelernt?" fragte er ihn.

„Vater, ich bin ein Schreiner geworden."

„Ein gutes Handwerk", sagte der Alte, „aber was hast du vor deiner Wanderschaft mitgebracht?"

„Vater, das Beste, was ich mitgebracht habe, ist ein Tisch."

Der Schneider betrachtete es von allen Seiten und sagte: „Damit hast du kein Meisterstück gemacht, das ist ein alter und schlechter Tisch."

„Aber es ist ein 'Tischlein-deck-dich' ", antwortete der Sohn, „und wenn ich es hinstelle und sage ihm, es solle sich decken, so stehen gleich die leckersten Gerichte darauf und ein Wein dabei, der das Herz erfreut. Ladet nur alle Verwandten und Freunde ein, die sollen einmal recht genießen, denn das Tischlein macht alle satt."

Als die Gesellschaft beisammen war, stellte er seinen Tisch mitten in die Stube und sprach „Tischlein, deck dich!" Aber das Tischlein regte sich nicht und blieb so leer wie ein anderer Tisch, der die Sprache nicht versteht. Da merkte der arme Geselle, daß ihm der Tisch vertauscht worden war und schämte sich, daß er wie ein Lügner dastand. Die Verwandten lachten ihn aus und mußten durstig und hungrig wieder heimwandern. Der Vater schneiderte wieder und der Sohn ging bei einem Meister in die Arbeit.

Der zweite Sohn war bei einem Müller in die Lehre gegangen. Als er seine Lehrjahre beendet hatte, sprach der Meister:

„Weil du dich so wohl gehalten hast, so schenke ich dir einen besonderen Esel. Er zieht nicht am Wagen und trägt auch keine Säcke."

„Wozu ist er denn nütze?" fragte der junge Geselle.

„Er speit Gold", antwortete der Müller. „Wenn du ihn auf ein Tuch stellst und sprichst: ‚Bricklebrit!', so speit das gute Tier Goldstücke aus, hinten und vorn."

„Das ist eine schöne Sache", sagte der Geselle, dankte dem Meister und zog in die Welt. Wenn er Gold nötig hatte, brauchte er nur zu seinem Esel „Bricklebrit" zu sagen, so regnete es Gold-

stücke, und er hatte weiter keine Mühe, als sie von der Erde aufzu-
heben. Wohin er kam, war ihm das Beste gut genug, denn er hatte
immer einen vollen Beutel.

„Ich werde zu meinem Vater heimkehren", sagte er zu sich,
„denn wenn ich mit dem Goldesel komme, so wird er seinen
Zorn vergessen und mich gut aufnehmen."

Es trug sich zu, daß er in dasselbe Wirtshaus geriet, in welchem
seinem Bruder das Tischlein-deck-dich vertauscht worden war.
Er führte seinen Esel an der Hand, und der Wirt wollte ihm das
Tier abnehmen und anbinden, der junge Geselle aber sprach:

„Gebt Euch keine Mühe, meinen Grauschimmel führe ich selbst in den Stall und binde ihn auch selbst an, denn ich muß wissen, wo er steht."

Dem Wirt kam das wunderlich vor, und er meinte, einer, der seinen Esel selbst besorgen müßte, hätte nicht viel zu verzehren. Aber als der Fremde in die Tasche griff, zwei Goldstücke herausholte und sagte, er solle nur etwas Gutes für ihn einkaufen, so machte er große Augen, lief und suchte das Beste, was er auftreiben konnte.

Nach der Mahlzeit fragte der Gast: „Was bin ich Euch schuldig?"

Der Wirt antwortete: „Noch ein paar Goldstücke müßt Ihr zulegen."

„Wartet einen Augenblick, Herr Wirt", sprach der Gast, „ich will nur gehen und Gold holen!"

Da er aber das Tischtuch mitnahm, schlich der Wirt ihm nach zum Stall und guckte durch ein Astloch. Der Fremde breitete unter dem Esel das Tuch aus, rief „Bricklebrit!", und augenblicklich fing das Tier an, Gold zu speien, von hinten und von vorn, daß es ordentlich auf die Erde herabregnete.

„Ei der Daus!" sagte der Wirt, „da sind die Dukaten bald geprägt! So ein Geldbeutel ist nicht übel!"

Als der Gast sich schlafen legte, führte der Wirt den Münzmeister weg und band einen anderen Esel an seine Stelle.

Am folgenden Morgen in der Frühe zog der Geselle mit dem Esel ab und meinte, er hätte seinen „Goldesel". Mittags kam er bei seinem Vater an, der sich freute, als er ihn wiedersah.

„Was ist aus dir geworden, mein Sohn?" fragte der Alte.

„Ein Müller, lieber Vater", antwortete er.

„Was hast du von deiner Wanderschaft mitgebracht?"

„Weiter nichts als einen Esel."

„Esel gibt's hier genug", sagte der Vater, „da wäre mir doch eine gute Ziege lieber gewesen."

„Ja", antwortete der Sohn, „aber es ist ein ‚Goldesel': wenn ich ‚Bricklebrit!' sage, so speit Euch das gute Tier ein ganzes Tuch voll Goldstücke. Laßt nur alle Verwandten herbeirufen, ich mache sie alle zu reichen Leuten."

„Das laß' ich mir gefallen", sagte der Schneider, „dann brauch' ich mich mit der Nadel nicht weiter zu quälen."

Sobald die Verwandten beisammen waren, breitete der Müller ein Tuch aus und brachte den Esel in die Stube.

„Jetzt gebt acht!" sagte er und rief: „Bricklebrit!"

Aber es waren keine Goldstücke, was herabfiel, und es zeigte sich, daß das Tier nichts von der gepriesenen Kunst verstand. Da sah der arme Müller, daß er betrogen war, und bat die Verwandten um Verzeihung, die so arm heimgingen, wie sie gekommen waren. Der Alte mußte wieder nach der Nadel greifen und der Junge sich bei einem Müller verdingen.

Der dritte Bruder war zu einem Drechsler in die Lehre gegangen, und weil es ein kunstreiches Handwerk ist, mußte er am längsten lernen. Seine Brüder aber meldeten ihm in einem Brief, wie schlimm es ihnen ergangen war, und wie sie der Wirt noch am letzten Abend betrogen hätte.

Als der Drechsler nun ausgelernt hatte, schenkte ihm sein Meister einen Sack und sagte:

„Es liegt ein Knüppel darin."

„Der Sack kann mir gute Dienste leisten, aber was soll der Knüppel darin? Der macht ihn nur schwer."

„Das will ich dir sagen", antwortete der Meister, „hat dir jemand etwas zuleide getan, so sprich nur: ‚Knüppel aus dem Sack!' Sogleich springt der Knüppel heraus unter die Leute und tanzt ihnen so lustig auf dem Rücken herum, daß sie sich acht

Tage lang nicht regen und bewegen können; und eher läßt er nicht ab, als bis du sagst: ‚Knüppel, in den Sack!‘“

Der Geselle dankte ihm, hängte den Sack über die Schulter, und wenn jemand ihm etwas antun wollte, rief er: „Knüppel, aus dem Sack!“ Alsbald sprang der Knüppel heraus und klopfte einem nach dem andern den Rock oder Wams gleich auf dem Rücken aus und wartete nicht erst, bis er ihn ausgezogen hatte. Ehe sich's einer versah, war die Reihe schon an ihm.

Der junge Drechsler langte zur Abendzeit in dem Wirtshaus an, wo seine Brüder betrogen worden waren. Er legte seinen Ranzen vor sich auf den Tisch und fing an zu erzählen, was er Merkwürdiges in der Welt gesehen habe. „Ja“, sagte er, „man findet wohl ein ‚Tischlein-deck-dich‘, einen ‚Goldesel‘ und dergleichen lauter gute Dinge, die ich nicht verachte; aber das ist alles nichts gegen den Schatz, den ich mir erworben habe und mit mir da in meinem Sack führe.“

Der Wirt spitzte die Ohren: „Was in aller Welt mag das sein?“ dachte er, „der Sack ist wohl mit lauter Edelsteinen angefüllt? Den möchte ich auch noch haben, denn aller guten Dinge sind drei.“

Als Schlafenszeit war, streckte sich der Gast auf die Bank und legte seinen Sack unter den Kopf. Der Wirt meinte, der Gast läge in tiefem Schlaf und schlich herbei. Er zog ganz vorsichtig an dem Sack und versuchte, ob er ihn vielleicht wegziehen und einen anderen unterlegen könnte. Der Drechsler aber rief:

„Knüppel aus dem Sack!“

Alsbald fuhr der Knüppel heraus, dem Wirt auf den Leib und rieb ihm die Nähte, daß es eine Art hatte. Der Wirt schrie zum Erbarmen, aber je lauter er schrie, desto kräftiger schlug der Knüppel ihm den Takt dazu auf den Rücken, bis der Bösewicht erschöpft auf die Erde fiel. Da sprach der Drechsler:

„Wenn du das ‚Tischlein-deck-dich' und den ‚Goldesel' nicht wieder herausgibst, so soll der Tanz von neuem angehen!"

„Ach nein", rief der Wirt ganz kleinlaut, „ich gebe alles gerne wieder heraus, laßt nur den verwünschten Kobold wieder in den Sack kriechen!"

„Ich will Gnade vor Recht ergehen lassen", sagte der Geselle, „aber hüte dich vor Betrug!" Dann rief er: „Knüppel, in den Sack!"

Der Drechsler zog am andern Morgen mit dem „Tischlein-deck-dich" und dem „Goldesel" heim zu seinem Vater. Der Schneider freute sich, als er ihn wiedersah, und fragte auch ihn, was er in der Fremde gelernt hätte.

„Ich bin ein Drechsler geworden", antwortete der Sohn.

„Ein kunstreiches Handwerk", sagte der Vater, „was hast du von der Wanderschaft mitgebracht?"

„Ein kostbares Stück, Vater, einen ‚Knüppel-aus-dem-Sack'."

„Was", rief der Vater, „einen Knüppel? Das ist nicht der Mühe wert! Den kannst du dir von jedem Baum abhauen."

„Aber einen solchen nicht, lieber Vater. Sage ich: ‚Knüppel, aus dem Sack!', so springt der Knüppel heraus und macht mit dem, der es nicht gut mit mir meint, einen schlimmen Tanz und läßt nicht eher nach, als bis er auf der Erde liegt und um Gnade bittet. Seht ihr, mit diesem Knüppel habe ich das ‚Tischlein-deck-dich' und den ‚Goldesel' wieder herbeigeschafft, die der diebische Wirt meinen Brüdern abgenommen hatte. Jetzt laßt sie beide rufen und ladet alle Verwandten ein. Sie sollen zu essen und zu trinken haben und dazu noch die Taschen voll Gold."

Der alte Schneider wollte ihm nicht recht trauen, brachte aber doch die Verwandten herbei. Dann wurde ein Tuch in der Stube ausgebreitet und der ‚Goldesel' hereingeführt. Der Müller sagte: „Bricklebrit!", und augenblicklich sprangen die Goldstücke auf das Tuch herab, wie ein Platzregen, und der Esel hörte nicht eher auf, bis alle so viel hatten, daß sie mehr nicht tragen konnten.

Dann holte der Drechsler den Tisch und sagte: „Lieber Bruder, nun sprich zu ihm!" Und kaum hatte der Schreiner „Tischlein, deck dich!" gesagt, so war es gedeckt und mit den schönsten Schüsseln reichlich besetzt. Nun wurde eine Mahlzeit gehalten, wie der gute Schneider noch keine in seinem Hause erlebt hatte, und die ganze Verwandtschaft blieb beisammen bis in die Nacht, und alle waren lustig und vergnügt. Der Schneider verschloß Nadel und Zwirn, Elle und Bügeleisen in einem Schrank und lebte mit seinen drei Söhnen in Freude und Herrlichkeit.

Die Ziege aber, die schuld war, daß der Schneider seine drei Söhne fortgejagt hatte, schämte sich, daß sie einen kahlen Kopf hatte, lief in eine Fuchshöhle und verkroch sich darin. Als der Fuchs nach Hause kam, funkelten ihm ein Paar große Augen aus der Dunkelheit entgegen, daß er erschrak und wieder hinauslief. Der Bär begegnete ihm, und da der Fuchs ganz verstört aussah, so sprach er: „Was ist dir, Bruder Fuchs, was machst du für ein Gesicht?"

„Ach", antwortete der Rote, „ein grimmig Tier sitzt in meiner Höhle und hat mich mit feurigen Augen angeglotzt."

„Das wollen wir bald austreiben", sprach der Bär, ging mit zu der Höhle und schaute hinein. Als er aber die feurigen Augen erblickte, überkam ihn ebenfalls Furcht, er wollte mit dem grimmigen Tier nichts zu tun haben und nahm Reißaus. Die Biene begegnete ihm, und da sie merkte, daß es ihm in seiner Haut nicht wohl zumute war, sprach sie: „Bär, du machst ja ein gewaltig verdrießliches Gesicht. Wo ist deine Lustigkeit geblieben?"

„Du hast gut reden", antwortete der Bär, „es sitzt ein grimmig Tier mit Glotzaugen in dem Hause des Roten, und wir können es nicht hinausjagen."

Die Biene sprach: „Du tust mir leid, Bär, ich bin ein armes, schwaches Geschöpf, das ihr sonst nie anguckt, aber ich glaube doch, daß ich euch helfen kann." Sie flog in die Fuchshöhle, setzte sich der Ziege auf den glattgeschorenen Kopf und stach sie so gewaltig, daß sie aufsprang, „mäh, mäh!" schrie und wie toll in die Welt hinauslief. Und niemand weiß bis heute, wo sie hingelaufen ist.

Rumpelstilzchen

Es war einmal ein armer Müller, der hatte eine schöne Tochter. Nun traf es sich, daß er mit dem König zu sprechen kam, und um sich ein Ansehen zu geben, sagte er zu ihm: „Ich habe eine Tochter, die kann Stroh zu Gold spinnen."

„Das ist eine Kunst, die mir wohl gefällt", sagte der König, „wenn deine Tochter so geschickt ist, wie du sagst, so bring sie morgen in mein Schloß, da will ich sie auf die Probe stellen." Als nun das Mädchen zu ihm gebracht wurde, führte er es in eine Kammer, die ganz voll Stroh lag, gab ihr Rad und Haspel und sprach: „Jetzt mache dich an die Arbeit, und wenn du die Nacht durch bis morgen früh dieses Stroh nicht zu Gold versponnen hast, so mußt du sterben." Darauf schloß er die Kammer selbst zu, und sie blieb allein.

Da saß nun die arme Müllerstochter und wußte sich keinen Rat. Sie verstand gar nichts davon, wie man Stroh zu Gold spinnen konnte, und ihre Angst wurde immer größer, so daß sie endlich zu weinen anfing. Auf einmal ging die Tür auf, und ein kleines Männchen trat herein und sprach:

„Guten Abend, Jungfer Müllerin; warum weint sie so sehr?"

„Ach", antwortete das Mädchen, „ich soll Stroh zu Gold spinnen und verstehe das nicht."

„Was gibst du mir, wenn ich dir's spinne?"

„Mein Halsband", sagte das Mädchen.

Das Männchen nahm das Halsband, setzte sich vor das Rädchen, und schnurr, schnurr, schnurr, dreimal gezogen, war die Spule voll. Dann steckte es eine andere auf, und schnurr, schnurr, schnurr, dreimal gezogen, war auch die zweite voll. Und so ging's fort bis zum Morgen, da war alles Stroh versponnen, und alle Spulen waren voll Gold.

Bei Sonnenaufgang kam der König, und als er das Gold erblickte, wurde er noch goldgieriger, ließ die Müllerstochter in eine größere Kammer voll Stroh bringen und befahl ihr, das auch in einer Nacht zu spinnen. Das Mädchen wußte sich nicht zu helfen und weinte, da ging abermals die Tür auf und das kleine Männchen erschien und sprach:

„Was gibst du mir, wenn ich dir das Stroh zu Gold spinne?"

„Meinen Ring vom Finger", antwortete das Mädchen. Das Männchen nahm den Ring, fing mit dem Rade wieder zu schnurren an und hatte bis zum Morgen alles Stroh zu glänzendem Gold gesponnen. Der König freute sich über die Maßen bei dem Anblick, war aber noch immer nicht zufrieden, sondern ließ die Müllerstochter in eine noch größere Kammer voll Stroh bringen und sprach:

„Die mußt du noch in dieser Nacht verspinnen, gelingt es dir, so sollst du meine Gemahlin werden." Wenn's auch eine Müllerstochter ist, dachte er, eine reichere Frau finde er in der ganzen Welt nicht.

Als das Mädchen allein war, kam das Männlein zum drittenmal wieder und sprach: „Was gibst du mir, wenn ich dir noch diesmal das Stroh spinne?"

„Ich habe nichts mehr, was ich dir geben könnte", antwortete das Mädchen.

„So versprich mir, wenn du Königin wirst, dein erstes Kind."

„Wer weiß, wie das noch geht", dachte die Müllerstochter und wußte sich in der Not nicht anders zu helfen; sie versprach also dem Männchen, was er verlangte, und das Männchen spann dafür noch einmal das Stroh zu Gold. Und als am Morgen der König kam und alles fand, wie er gewünscht hatte, so hielt er Hochzeit mit ihr, und die schöne Müllerstochter wurde Königin.

Über ein Jahr brachte sie ein schönes Kind zur Welt und dachte gar nicht mehr an das Männchen. Da trat es plötzlich in ihre Kammer und sprach:

„Nun gib mir, was du versprochen hast!"

Die Königin erschrak und bot dem Männchen alle Reichtümer des Königreiches an, wenn es ihr das Kind lassen wollte; aber das Männchen sprach: „Nein, etwas Lebendes ist mir lieber als alle Schätze der Welt." Da fing die Königin so zu jammern und zu weinen an, daß das Männchen Mitleid mit ihr hatte. „Drei Tage will ich dir Zeit lassen", sprach es, „wenn du bis dahin meinen Namen weißt, so sollst du dein Kind behalten."

Nun besann sich die Königin die ganze Nacht über auf alle Namen, die sie jemals gehört hatte, und schickte einen Boten über Land, der sollte sich erkundigen weit und breit, was es sonst noch für Namen gäbe. Als am andern Tage das Männchen kam, fing sie an mit Kaspar, Melchior, Balthasar und sagte alle Namen, die sie wußte, nach der Reihe her.

Aber bei jedem sagte das Männlein: „So heiß' ich nicht!"

Den zweiten Tag sagte sie dem Männlein die seltsamsten Namen vor: „Heißt du vielleicht Rippenbiest oder Hammelwade oder Schnürbein?"

Aber er antwortete immer: „So heiß' ich nicht!"

Am dritten Tag machte sich die Königin selbst auf und kam in einen tiefen Wald. Da sah sie ein kleines Haus, und vor dem Haus brannte ein Feuer, und um das Feuer sprang das Männchen umher, hüpfte auf einem Bein und schrie:

> „Heute back' ich, morgen brau' ich,
> übermorgen hol' ich der Königin ihr Kind;
> ach, wie gut, daß niemand weiß,
> daß ich Rumpelstilzchen heiß'!"

Wie froh war die Königin, als sie den Namen hörte, und als am

Abend das Männlein hereintrat und fragte: „Nun, Frau Königin, wie heiß' ich?" fragte sie erst:

„Heißest du Kunz?"

„Nein!"

„Heißest du Hinz?"

„Nein!"

„Heißt du etwa Rumpelstilzchen?"

„Das hat dir der Teufel gesagt! Das hat dir der Teufel gesagt!" schrie das Männlein und stieß mit dem rechten Fuß vor Zorn so tief in die Erde, daß es bis an den Leib hineinfuhr, dann packte es in seiner Wut den linken Fuß mit beiden Händen und riß sich selbst mitten entzwei.

Der gestiefelte Kater

Es war einmal ein Müller. Der besaß eine Windmühle und drei Söhne, weiter einen Esel und einen Kater. Die drei Söhne arbeiteten von klein auf, mußten Getreide mahlen, der Esel Mehl tragen, und der Kater die Mäuse fangen.

Als der Müller starb, teilten sich die drei Söhne das Erbe. Der älteste bekam die Windmühle, der zweite den Esel und der dritte den Kater, weil sonst nichts mehr übrig war. Da war der jüngste sehr traurig und meinte zu sich selbst:

„Ich bin am schlechtesten weggekommen. Mein ältester Bruder kann mahlen, der andere auf dem Esel reiten – aber was kann ich mit dem Kater anfangen? Wenn ich mir aus seinem Fell ein Paar Pelzhandschuhe machen lasse, wäre das alles, was ich dann besitze!"

„Hör zu", begann der Kater zu flüstern. „du brauchst mich nicht zu töten. Bekommst nur ein Paar schlechte Handschuhe aus meinem Fell! Aber laß mir schöne, hohe Stiefel machen, daß ich ausgehen und mich unter den Leuten sehen lassen kann, dann wird auch dir geholfen werden!"

Der Müllerssohn wunderte sich, daß der Kater so verständlich redete. Da er aber gerade an einem Schusterladen vorüberging, rief er den Kater herbei und ließ ihm ein Paar prächtige, neue Stiefel anfertigen. Es dauerte nicht lange. Als sie fertig waren, zog sie der Kater an, nahm einen Sack über die Schulter, nachdem er zuvor Korn hineingegeben hatte, und ging auf zwei Beinen, wie ein Mensch, zur Tür hinaus.

In diesem Lande regierte zu jenen Zeiten ein König, der gern Rebhühner aß. Obgleich zwischen den Ackerfurchen recht viele liefen, waren die Vögel so scheu, daß die Jäger keine erlegen konnten. Dies wußte der Kater und hatte sich eine List ausgedacht, wie er die Sache anstellen könnte. Als er an die Waldgrenze kam, machte er den Sack weit auf, so daß das Korn gut zu sehen war, und legte die Schnur, mit der er den Sack zugebunden hatte, in das Gras. Das andere Schnurende führte er hinter eine Hecke. Dort versteckte sich der Kater und lauerte auf seine Beute.

Die Rebhühner kamen gar bald aus dem Acker gelaufen, fanden das Korn und hüpften in ihrer Gefräßigkeit eins nach dem anderen in den Sack. Als eine stattliche Anzahl darin war, zog der Kater mit der Schnur den Sack zu, lief dann hervor, schulterte die schwere Last und eilte rasch zum Schloß des Königs.

Als er vor dem Tor angelangt war, rief der Wachtposten:

„Halt, wohin?"

„Zum König", antwortete der Kater kurzweg.

„Bist du verrückt? Ein Kater will den König sprechen?"

„Laß ihn doch gehen", meinte der andere Posten, „ein König hat gewiß oft Langeweile. Vielleicht macht ihm dieser Kater Vergnügen."

Als der Kater vor den König trat, machte er eine tiefe Verbeugung und begann mit lauter Stimme:

„Mein Herr, der Graf", dabei nannte er einen langen und vornehmen Namen, „läßt sich seinem König und Landesherrn ergebenst empfehlen und schickt durch mich diese Rebhühner."

Der König war über die fetten Hühner ganz besonders erfreut und gewährte dem Kater, so viel Gold aus seiner Schatztruhe in den Sack zu tun, als drin Platz wäre und er tragen könne.

„Das bring deinem Herrn und bestelle ihm meinen Dank für sein Geschenk!"

Der arme Müllerssohn aber saß daheim an seinem Fenster, stützte den Kopf auf die Hand und trauerte, daß er sein allerletztes Geld für die Stiefel ausgegeben habe. Was würde ihm denn der Kater schon dafür bringen? Im selben Augenblick knarrte die

Tür, der Kater trat ein und warf den Sack von seinem Rücken. Dann schnürte er ihn auf und schüttete das Gold vor den armen Müllerssohn, während er hinzufügte:

„Hier – für die Stiefel, die du mir machen ließest. Der König läßt dich grüßen und dir Dank sagen!"

Der Müllerssohn war glücklich über den Schatz, obgleich er sich nicht erklären konnte, wie das Ganze zugegangen sei. Und während der Kater seine prächtigen Stiefel auszog, erzählte er dem Jungen alles, meinte aber schließlich:

„Du hast jetzt zwar sehr viel Geld bekommen – aber dabei soll es nicht bleiben! Morgen ziehe ich wieder meine Stiefel an. Übrigens erklärte ich dem König, du seist ein Graf!"

Am nächsten Morgen ging der Kater in aller Morgenfrühe wohlgestiefelt wieder auf die Jagd. Und wieder brachte er dem König einen reichen Fang.

So ging es mehrere Tage fort, immer brachte er reiche Goldschätze heim, um am nächsten Tag abermals im Schloß zu erscheinen. Bald war der Kater im königlichen Schloß so beliebt, daß er dort ein- und ausgehen konnte, wie er wollte.

Eines Tages stand der Kater in des Königs Küche. Da kam der alte Kutscher fluchend bei der Tür herein:

„Den König mit seiner Prinzessin wünsch' ich zum Kuckuck! Gerade wollte ich ins Wirtshaus gehen, stattdessen muß ich die beiden um den See spazierenfahren!"

Als der Kater das hörte, schlich er leise aus der Küche und eilte zu seinem Müllerssohn und rief schon von weitem: „Willst du ein Graf werden, so komm hinaus an den See und bade dort!"

Der Müllerssohn wußte nicht recht, was das bedeuten sollte, aber er folgte sogleich dem Kater, zog sich am Seeufer aus und sprang in das Wasser. Der Kater nahm gleich die Kleider und versteckte sie.

Kaum war er damit fertig, als die königliche Karosse anrollte.

Der Kater hielt den Wagen an und begann zu klagen: „Mein allergnädigster König! Ach, mein Herr, der dort im See badet, hatte seine Kleider ans Ufer gelegt. Da kam ein Dieb und nahm sie ihm weg. Jetzt kann er nicht heraus, und wenn er länger drin bleibt, wird er sich erkälten, ja, es besteht sogar Lebensgefahr!"

Als der König dies hörte, mußte einer aus seinem Gefolge sofort zurücklaufen und von des Königs Kleidern holen. Dann hüllte sich der Müller in die schönen Königskleider.

Der König, der in ihm den Grafen sah, dem er für die prächtigen Hühner zu tiefstem Dank verpflichtet war, bat ihn, in der Kutsche Platz zu nehmen. Die Prinzessin war über dieses Anerbieten auch nicht böse, denn er war jung und als Graf in den königlichen Gewändern besonders schön. Er gefiel ihr recht gut.

Der Kater war indessen der Kutsche vorausgeeilt und kam zu einer großen Wiese, wo viele Leute mit dem Hereinbringen von Heu beschäftigt waren.

„Wessen Besitz ist diese Wiese?" fragte der Kater die Landleute.

„Dem bösen Zauberer gehören diese Gründe", erklärten sie.

„Hört, Freunde", sagte der Kater. „in wenigen Augenblicken wird euer König hier vorbeifahren, und wenn er fragt, wie euer Herr heißt, dann sagt nur: Dem Grafen gehören diese Äcker. Tut ihr mir aber das nicht – dann werdet ihr alle Böses zu ertragen haben!"

Dann lief der Kater weiter und gelangte an ein großes Kornfeld. „Wessen Besitz ist dieser Acker?" fragte der Kater die zahlreichen Landleute.

„Dem bösen Zauberer gehören diese Gründe", berichteten sie. Und wieder befahl der Kater den Leuten, den gräflichen Besitz zu bestätigen.

Auf seinem weiteren Weg kam der Kater an einem hochstämmigen Eichenwald vorbei, wo Holzarbeiter mit dem Fällen prächtiger Bäume beschäftigt waren.

„Wessen Besitz ist dieser Wald?" fragte der Kater die Holzarbeiter. „Dem bösen Zauberer gehören diese Gründe", erwiderten sie.

Und zum drittenmal verlangte der Kater, die Leute müßten dem König den gräflichen Besitz bestätigen.

Dann zog der Kater weiter seiner Wege. Alle Leute sahen ihm nach, weil er so stattlich in den prächtigen Stiefeln aussah.

Bald war der Kater an der Burg des Zauberers angelangt. Unerschrocken marschierte er durch das gewaltige Tor und begab sich in die Wohnräume. Als er dem Schloßherrn gegenüberstand, machte der Kater seine tiefste Verbeugung und begrüßte ihn:

„Großer Zauberer und Künstler! Es geht die Kunde, daß du dich jederzeit in jedes Tier nach deinem Wunsch verwandeln kannst – ausgenommen Elefanten!"

„Was", sagte der Zauberer und war schon ein Elefant.

„Großartig", meinte der Kater, „aber wie wär's mit einem Löwen?"

„Eine Kleinigkeit!" Und ein Löwe brüllte den Kater an.

Der Kater stellte sich unerschrocken vor den König der Tiere und sagte: „Großartig – aber noch erstaunlicher als alles andere wäre es, wenn du dich in ein ganz kleines Tier verwandeln könntest, wie zum Beispiel eine Maus. Dies würde dich zum Meisterzauberer der Erde machen!"

Der Zauberer fühlte sich geschmeichelt und sagte: „Liebes Kätzchen, dies kann ich auch!" Und schon lief er als Maus im Saal umher.

Der Kater stürzte sofort dem Mäuschen nach, fing es mit einem Sprung und fraß es mit Wohlbehagen.

Der König aber war mit dem Grafen und der Prinzessin weiter spazierengefahren und kam zu der großen Wiese.

„Wem gehört diese Wiese?" fragte er die Leute, die mit dem Hereinbringen von Heu beschäftigt waren.

„Dem Herrn Grafen!" riefen alle, wie der Kater ihnen befohlen hatte.

„Ihr habt da ein schönes Stück Land, Herr Graf", sagte der König.

Danach kamen sie zu dem großen Kornfeld.

„Wem gehört dieser Acker?" fragte der König.

„Dem Herrn Grafen!" bestätigten die Landleute, die das Korn schnitten.

„Ei! Herr Graf! Große, schöne Ländereien besitzt Ihr!" sprach der König.

Und als sie in den Wald kamen, fragte er:

„Wem gehört dieser Wald, ihr Leute?"

„Dem Herrn Grafen!" riefen die Holzarbeiter, die die Bäume fällten.

Der König verwunderte sich noch mehr und sprach zum Grafen:

„Ihr müßt ein reicher Mann sein, Herr Graf. Ich habe keinen so schönen, hochstämmigen Wald."

Endlich langte die Kutsche beim Schloß an, das dem Zauberer gehört hatte. Der Kater stand schon oben an der Treppe. Als die königliche Karosse unten vorfuhr, sprang der Kater herab, öffnete den Wagenschlag, verbeugte sich tief und begrüßte den König mit den Worten:

„Herr König, Ihr gelangt hier in das Schloß meines Herrn, des reichen und mächtigen Grafen, den diese Ehre für sein Lebtag glücklich machen wird."

Der König verließ den Wagen und war über das Gebäude sehr

verwundert, das er früher noch nie gesehen hatte. Es kam ihm fast größer und prächtiger vor als das königliche Schloß.

Der Graf bot der Prinzessin den Arm und geleitete sie über die Treppe in den Empfangssaal des Schlosses, der ganz von Gold und Edelsteinen flimmerte.

Festliche Zeiten waren den Tagen der Not gefolgt. Aus dem armen Müllerssohn war zuerst ein reicher Mann geworden, und nun war er sogar ein Graf.

Die Prinzessin wurde dem Grafen versprochen, und bald wurde die Hochzeit gefeiert. Und als das Paar zur Kirche schritt, ging der gestiefelte Kater vor ihm her und streute Blumen.

Als nach Jahren der König dahinsiechte und starb, wurde der Graf zum Landesherrn und König erkoren. Er gedachte in Treue seines gestiefelten Katers und ernannte ihn zum Haus- und Hofmarschall.

Sechse kommen durch die ganze Welt

Es war einmal ein Mann, der verstand allerlei Künste; er diente im Krieg und hielt sich brav und tapfer, aber als der Krieg zu Ende war, bekam er den Abschied und drei Heller Zehrgeld auf den Weg. „Wartet", sprach er, „das lass' ich mir nicht gefallen, finde ich die rechten Leute, so soll mir der König noch die Schätze des ganzen Landes herausgeben." Dann ging er voll Zorn in den Wald und sah einen darin stehen, der hatte sechs Bäume ausgerupft, als wären's Kornhalme. Sprach er zu ihm: „Willst du mein Diener sein und mit mir ziehen?" – „Ja", antwortete er, „aber erst will ich meiner Mutter das Wellchen Holz heimbringen", und nahm einen von den Bäumen und wickelte ihn um die fünf anderen, hob die Last auf die Schulter und trug sie fort. Dann kam er wieder und ging mit seinem Herrn. Der sprach: „Wir zwei sollten wohl durch die ganze Welt kommen."

Und als sie ein Weilchen gegangen waren, fanden sie einen Jäger, der lag auf den Knien, hatte die Büchse angelegt und zielte. Sprach der Herr zu ihm: „Jäger, was willst du schießen?" Er antwortete: „Zwei Meilen von hier sitzt eine Fliege auf dem Ast eines Eichbaumes, der will ich das linke Auge herausschießen." – „Oh, geh mit mir", sprach der Mann, „wenn wir drei zusammen sind, sollten wir wohl durch die ganze Welt kommen."

Der Jäger war bereit und ging mit ihm, und sie kamen zu sieben Windmühlen, deren Flügel trieben ganz hastig herum, und ging doch links und rechts kein Wind und bewegte sich kein Blättchen. Da sprach der Mann: „Ich weiß nicht, was die Windmühlen treibt, es regt sich ja kein Lüftchen", und ging mit seinen Dienern weiter, und als sie zwei Meilen fortgegan-

gen waren, sahen sie einen auf einem Baum sitzen, der hielt das
eine Nasenloch zu und blies aus dem anderen. „Mein Freund,
was treibst du da oben?" fragte der Mann. Er antwortete: „Zwei
Meilen von hier stehen sieben Windmühlen, seht, die blase
ich an, daß sie laufen." – Oh, geh mit mir", sprach der Mann,
„wenn wir vier zusammen sind, sollten wir wohl durch die ganze Welt kommen."

Da stieg der Bläser herab und ging mit, und über eine Zeit, da
sahen sie einen, der stand da auf einem Bein und hatte das
andere abgeschnallt und neben sich gelegt. Da sprach der
Herr: „Du hast dir's ja bequem gemacht zum Ausruhen." –
„Ich bin ein Läufer", antwortete er, „und damit ich nicht gar zu
schnell springe, habe ich mir das eine Bein abgeschnallt; wenn
ich mit zwei Beinen laufe, so geht's geschwinder, als ein Vogel
fliegt." – „Oh, geh mit mir, wenn wir fünf zusammen sind,
sollten wir wohl durch die ganze Welt kommen."

Da ging er mit, und gar nicht lange, so begegneten sie einem,
der hatte ein Hütchen auf, hatte es aber ganz auf dem einen
Ohr sitzen. Da sprach der Herr zu ihm: „Manierlich! Manierlich! Häng deinen Hut doch nicht auf ein Ohr, du siehst ja aus
wie ein Hausnarr." – „Ich darf's nicht tun", sprach der andere,
„denn setz' ich meinen Hut gerade, so kommt ein gewaltiger
Frost, und die Vögel unter dem Himmel erfrieren und fallen
tot zur Erde." – Oh, geh mit mir", sprach der Herr, „wenn wir
sechs zusammen sind, sollten wir wohl durch die ganze Welt
kommen."

Nun gingen die sechse in eine Stadt, wo der König hatte bekanntmachen lassen: Wer mit seiner Tochter um die Wette
laufen wolle und den Sieg davontrüge, der sollte ihr Gemahl
werden; wer aber verlöre, müsse auch seinen Kopf hergeben.
Da meldete sich der Mann und sprach: „Ich will aber meinen

Diener für mich laufen lassen." Der König antwortete: „Dann mußt du auch noch dessen Leben zum Pfand setzen, also daß sein und dein Kopf für den Sieg haften." Als das verabredet und festgemacht war, schnallte der Mann dem Läufer das andere Bein an und sprach zu ihm: „Nun sei hurtig und hilf, daß wir siegen."

Es war aber bestimmt, wer als erster Wasser aus einem weitab gelegenen Brunnen brächte, der sollte Sieger sein. Nun bekam der Läufer einen Krug und die Königstochter auch einen, und sie fingen zu gleicher Zeit zu laufen an; aber in einem Augenblick, als die Königstochter erst eine kleine Strecke fort war, konnte den Läufer schon keiner mehr sehen, und es war nicht anders, als wäre der Wind vorbeigesaust. In kurzer Zeit langte er bei dem Brunnen an, schöpfte den Krug voll Wasser und kehrte wieder um. Mitten aber auf dem Heimweg überkam ihn eine Müdigkeit, da setzte er den Krug hin, legte sich nieder und schlief ein. Er hatte aber einen Pferdeschädel, der da auf der Erde lag, zum Kopfkissen gemacht, damit er hart läge und bald wieder erwachte.

Indessen war die Königstochter, die auch gut laufen konnte, so gut es ein gewöhnlicher Mensch vermag, bei dem Brunnen angelangt und eilte mit ihrem Krug voll Wasser zurück; und als sie den Läufer da liegen und schlafen sah, war sie froh und sprach: „Der Feind ist in meine Hände gegeben", leerte seinen Krug und sprang weiter. Nun wäre alles verloren gewesen, wenn nicht zu gutem Glück der Jäger mit seinen scharfen Augen oben auf dem Schloß gestanden und alles mit angesehen hätte. Da sprach er: „Die Königstochter soll doch gegen uns nicht aufkommen", lud seine Büchse und schoß so geschickt, daß er dem Läufer den Pferdeschädel unter dem Kopf wegschoß, ohne ihm weh zu tun. Da erwachte der Läufer,

sprang in die Höhe und sah, daß sein Krug leer und die Königs- tochter schon weit voraus war. Aber er verlor den Mut nicht, lief mit dem Krug wieder zum Brunnen zurück, schöpfte aufs neue Wasser und war noch zehn Minuten eher als die Königs- tochter daheim. „Seht ihr", sprach er, „jetzt hab' ich erst die Beine aufgehoben, vorher war's gar kein Laufen zu nennen."

Den König aber kränkte es und seine Tochter noch mehr, daß so ein gemeiner abgedankter Soldat sie davontragen sollte. Sie ratschlagten miteinander, wie sie ihn samt seinen Gesellen los würden. Da sprach der König zu ihr: „Ich habe ein Mittel gefunden, laß dir nicht bang sein, sie sollen nicht wieder heimkommen." Und er sprach zu ihnen: „Ihr sollt euch nun zusammen lustig machen, essen und trinken", und führte sie zu einer Stube, die hatte einen Boden von Eisen, und die Türen waren auch von Eisen, und die Fenster waren mit eiser- nen Stäben verwehrt. In der Stube war eine Tafel mit köstli- chen Speisen besetzt, da sprach der König zu ihnen: „Geht hinein und laßt's euch wohl sein." Und wie sie drinnen waren, ließ er die Tür verschließen und verriegeln.

Dann ließ er den Koch kommen und befahl ihm, ein Feuer so lange unter der Stube zu entfachen, bis das Eisen glühend würde. Das tat der Koch, und es ward den sechsen in der Stube, während sie an der Tafel saßen, ganz warm, und sie meinten, das käme vom Essen. Als aber die Hitze immer größer ward und sie hinaus wollten, Tür und Fenster aber verschlossen fan- den, da merkten sie, daß der König Böses im Sinne gehabt hatte und sie ersticken wollte. „Es soll ihm aber nicht gelin- gen", sprach der mit dem Hütchen, „ich will einen Frost kom- men lassen, vor dem sich das Feuer schämen und verkriechen soll." Da setzte er sein Hütchen gerade, und alsobald fiel ein Frost, daß alle Hitze verschwand und die Speisen auf den

Schüsseln anfingen zu frieren. Als nun ein paar Stunden herum waren und der König glaubte, sie wären in der Hitze verschmachtet, ließ er die Tür öffnen und wollte selbst nach ihnen sehen. Aber wie die Tür aufging, standen sie alle sechs da, frisch und gesund, und sagten, es wäre ihnen lieb, daß sie heraus könnten, sich zu wärmen, denn bei der großen Kälte in der Stube frören die Speisen an den Schüsseln fest. Da ging der König voll Zorn hinab zu dem Koch, schalt ihn und fragte, warum er nicht getan hätte, was ihm befohlen worden sei. Der Koch aber antwortete: „Es ist Glut genug da, seht nur selbst." Da sah der König das gewaltige Feuer und merkte, daß er den sechsen so nichts anhaben könnte.

Nun sann der König aufs neue, wie er die bösen Gäste los würde, ließ den Meister kommen und sprach: „Willst du Gold nehmen und dein Recht auf meine Tochter aufgeben, so sollst du haben, soviel du willst." – „O ja, Herr König", antwortete er, „gebt mir so viel, wie mein Diener tragen kann, so verlange ich Eure Tochter nicht. Das war der König zufrieden, und jener sprach weiter: „So will ich in vierzehn Tagen kommen und es holen." Darauf rief er alle Schneider aus dem ganzen Reich herbei, die mußten vierzehn Tage lang einen Sack nähen.

Und als er fertig war, mußte der Starke, welcher Bäume ausrupfen konnte, den Sack auf die Schulter nehmen und mit ihm zu dem König gehen. Da sprach der König: „Was ist das für ein gewaltiger Kerl, der den haushohen Ballen Leinwand auf der Schulter trägt?" Er erschrak und dachte: ‚Was wird der für Gold wegschleppen!' – Da hieß er eine Tonne Gold herbringen, die mußten sechzehn der stärksten Männer tragen, aber der Starke packte sie mit einer Hand, steckte sie in den Sack und sprach: „Warum bringt ihr nicht gleich mehr, das deckt ja kaum den Boden." Da ließ der König nach und nach seine ganzen Schatz herbeitragen, den schob der Starke in den Sack hinein, und der Sack ward davon noch nicht zur Hälfte voll. „Schafft mehr herbei", rief er, „die paar Brocken füllen nicht." Da mußten noch siebentausend Wagen mit Gold in dem ganzen Reich zusammengefahren werden, die schob der Starke samt den vorgespannten Ochsen in seinen Sack. „Ich will's nicht lange besehen", sprach er, „und nehmen, was kommt, damit der Sack nur voll wird." Wie alles drin stak, ging doch noch viel hinein, da sprach er: „Ich will dem Ding nun ein Ende machen, man bindet wohl einmal einen Sack zu, wenn er auch noch nicht voll ist." Dann huckte er ihn auf den Rücken und ging mit seinen Gesellen fort.

Als der König nun sah, wie ein einziger Mann des ganzen Landes Reichtum forttrug, ward er zornig und ließ seine Reiterei aufsitzen, die sollten den sechsen den Sack wieder abnehmen. Zwei Regimenter holten sie bald ein und riefen ihnen zu: „Ihr seid Gefangene, legt den Sack mit dem Gold nieder, oder ihr werdet zusammengehauen." – „Was sagt ihr?" sprach der Bläser, „wir sind Gefangene? Eher sollt ihr sämtlich in der Luft herumtanzen." Er hielt das eine Nasenloch zu und blies mit dem anderen die beiden Regimenter an. Da fuhren sie auseinander und in die blaue Luft. Ein Feldwebel rief um Gnade, er hätte neun Wunden und wäre ein braver Kerl, der den Schimpf nicht verdiente. Da ließ der Bläser ein wenig nach, so daß er ohne Schaden wieder herabkam, dann sprach er zu ihm: „Nun geh heim zum König und sag, er sollte nur noch mehr Reiterei schicken, ich wollte sie alle in die Luft blasen." Der König, als er den Bescheid vernahm, sprach: „Laßt die Kerle gehen, die haben etwas Unheimliches an sich." Da brachten die sechs den Reichtum heim, teilten ihn unter sich und lebten vergnügt bis an ihr Ende.

Daumerlings Wanderschaft

Ein Schneider hatte einen Sohn, der war klein geraten und nicht größer als ein Daumen, darum hieß er auch der Daumerling. Er hatte aber Mut im Leibe und sagte zu seinem Vater: „Vater, ich soll und muß in die Welt hinaus."

„Recht, mein Sohn", sprach der Alte, nahm eine lange Stopfnadel und machte am Licht einen Knoten von Siegellack daran, „da hast du auch einen Degen mit auf den Weg."

Nun wollte das Schneiderlein noch einmal mitessen und hüpfte in die Küche, um zu sehen, was die Frau Mutter zum Abschied gekocht hatte. Die Schüssel stand auf dem Herd. Da sprach der Sohn: „Frau Mutter, was gibt's heute zu essen?"

„Sieh du selbst nach", sagte die Mutter.

Da sprang Daumerling auf den Herd und guckte in die Schüssel. Da er aber den Hals zu weit hineinstreckte, faßte ihn der Dampf von der Speise und trieb ihn zum Schornstein hinaus.

Eine Weile ritt er auf dem Dampf in der Luft herum, bis er endlich wieder auf die Erde herabsank. Nun war das Schneiderlein draußen in der weiten Welt, zog umher, ging auch bei einem Meister in die Arbeit, aber das Essen war ihm nicht gut genug.

„Frau Meisterin, wenn Sie uns kein besseres Essen gibt" sagte Daumerling, „so gehe ich fort und schreibe morgen früh mit Kreide an Ihre Haustür: Kartoffel zuviel, Fleisch zuwenig, adies, Herr Kartoffelkönig."

„Was willst du wohl, Grashüpfer?" rief die Meisterin, ward bös, ergriff einen Lappen und wollte nach ihm schlagen. Da Schneiderlein jedoch kroch behende unter den Fingerhut, guckte unten hervor und streckte der Frau Meisterin die Zunge heraus. Sie hob den Fingerhut auf und wollte ihn packen, aber der kleine Däumerling hüpfte in die Lappen, und als die Meisterin die Lappen auseinanderwarf und ihn suchte, schlüpfte er in den Tischritz. „He, he, Frau Meisterin", rief er und steckte den Kopf in die Höhe, und wenn sie zuschlagen wollte, sprang er in die Schublade hinunter.

Endlich aber erwischte sie ihn doch und jagte ihn zum Haus hinaus.

Das Schneiderlein wanderte und kam in einen großen Wald: da begegnete ihm ein Haufen Räuber, die hatten vor, des Königs Schatz zu stehlen. Als sie das Schneiderlein sahen, dachten sie: „So ein kleiner Kerl kann durch ein Schlüsselloch kriechen und uns als Dietrich dienen."

„Heda", rief einer, „du Riese Goliath, willst du mit zur Schatzkammer gehen? Du kannst dich hineinschleichen und das Geld herauswerfen."

Der Däumerling besann sich. Endlich sagte er ja und ging mit zu der Schatzkammer. Da besah er die Türe oben und unten, ob kein Ritz darin wäre. Nicht lange, so entdeckte er einen, der breit genug war, um ihn einzulassen. Er wollte auch gleich hindurch, aber eine von den beiden Schildwachen, die vor der Tür standen, bemerkte ihn und sprach zu der andern: „Was kriecht da für eine häßliche Spinne? Ich will sie tot treten."

„Laß das arme Tier gehen", sagte der andere Wachtposten, „es hat dir ja nichts getan."

Nun kam der Däumerling durch den Ritz glücklich in die Schatzkammer, öffnete das Fenster, unter welchem die Räuber standen, und warf ihnen einen Taler nach dem andern hinaus.

Als das Schneiderlein in der besten Arbeit war, hörte er den

König kommen, der seine Schatzkammer besehen wollte, und verkroch sich eilig. Der König bemerkte, daß viele Taler fehlten, konnte aber nicht begreifen, wer sie sollte gestohlen haben, da Schlösser und Riegel unversehrt waren und alles wohl verwahrt schien. Da ging er wieder fort und sprach zu den zwei Wachen: „Habt acht, es ist einer hinter dem Geld."

Als Daumerling nun seine Arbeit von neuem anfing, hörten sie das Geld drinnen sich regen und klingen – klipp, klapp, klipp, klapp. Sie sprangen geschwind hinein und wollten den Dieb greifen. Aber das Schneiderlein, das sie kommen hörte, war noch geschwinder, sprang in eine Ecke und deckte einen

Taler über sich, so daß nichts von ihm zu sehen war. Dabei neckte es noch die Wachen und rief: „Hier bin ich."

Die Wachen liefen dorthin. Als sie aber ankamen, war es schon in eine andere Ecke unter einen Taler gehüpft und rief: „He, hier bin ich."

Die Wachen sprangen eilends herbei, Daumerling war aber längst in einer dritten Ecke und rief: „He, hier bin ich."

Und so hatte er sie zu Narren und trieb sie so lange in der Schatzkammer umher, bis sie müde waren und davongingen. Nun warf er die Taler nach und nach alle hinaus: den letzten schnellte es mit aller Macht, hüpfte dann selber noch behend darauf und flog mit ihm durchs Fenster hinab.

Die Räuber lobten ihn: „Du bist ein gewaltiger Held", sagten sie, „willst du unser Hauptmann werden?"

Daumerling bedankte sich aber und sagte, er wolle erst die Welt sehen.

Sie teilten nun die Beute, das Schneiderlein aber verlangte nur einen Kreuzer, weil es nicht mehr tragen konnte.

Darauf schnallte es seinen Degen wieder um den Leib, sagte den Räubern guten Tag und nahm den Weg unter die Beine. Es ging bei einigen Meistern in Arbeit, aber sie wollte ihm nicht schmecken. Endlich verdingte es sich als Hausknecht in einem Gasthof. Die Mägde aber konnten es nicht leiden, denn ohne daß sie ihn sehen konnten, sah er alles, was sie heimlich taten, und gab bei der Herrschaft an, was sie sich von den Tellern genommen und aus dem Keller für sich weggeholt hatten. Da sprachen sie: „Warte, wir wollen dir's eintränken", und verabredeten untereinander, ihm einen Schabernack zu spielen.

Als die eine Magd bald hernach im Garten mähte und den Daumerling da herumspringen und an den Kräutern auf- und abkriechen sah, mähte sie ihn mit dem Gras schnell zusammen, band alles in ein großes Tuch und warf es heimlich den Kühen vor. Nun war eine große, schwarze darunter, die schluckte ihn mit hinab, ohne ihm weh zu tun. Unten gefiel's ihm aber schlecht, denn es war da finster. Als die Kuh gemelkt wurde, rief er:

> „Strip, strap, stroll,
> ist der Eimer bald voll?"

Doch bei dem Geräusch des Melkens wurde er nicht verstanden. Hernach trat der Hausherr in den Stall und sprach: „Morgen soll die Kuh da geschlachtet werden."

Da erschrak Daumerling so sehr, daß er mit heller Stimme rief: „Laßt mich erst heraus, ich sitze ja drin."

Der Herr hörte das wohl, wußte aber nicht, wo die Stimme herkam. „Wo bist du?" fragte er.

„In der Schwarzen", antwortete er, aber der Herr verstand nicht, was das heißen sollte, und ging fort.

Am anderen Morgen ward die Kuh geschlachtet. Glücklicherweise traf bei dem Zerhacken und Zerschneiden den Daumerling kein Hieb, aber er geriet unter das Wurstfleisch. Wie nun der Metzger herbeitrat und seine Arbeit anfing, schrie er aus Leibeskräften: „Hackt nicht zu tief, hackt nicht zu tief, ich stecke ja drunter."

Vor dem Lärmen der Hackmesser hörte das kein Mensch. Nun hatte der arme Daumerling seine Not, aber die Not macht Beine, und da sprang er so behend zwischen den Hackmessern durch, daß ihn keins anrührte und er mit heiler Haut davonkam. Aber entspringen konnte er auch nicht, es gab keinen Fluchtweg, er mußte sich mit den Speckbrocken in eine Blutwurst stopfen lassen. Da war das Quartier etwas enge, und dazu ward er noch in den Schornstein zum Räuchern aufgehängt, wo ihm die Zeit gewaltig lang wurde. Endlich im Winter wurde er heruntergeholt; weil die Wurst einem Gast sollte vorgesetzt werden. Als nun die Frau Wirtin die Wurst in Scheiben schnitt, nahm er sich in acht, daß er den Kopf nicht zu weit vorstreckte, damit ihm nicht etwa der Hals mit abgeschnitten werde. Endlich ersah er seinen Vorteil, machte sich Luft und sprang hinaus.

In dem Hause aber, wo es ihm so übel ergangen war, wollte das Schneiderlein nicht länger bleiben. Er begab sich gleich wieder auf die Wanderung. Doch seine Freiheit dauerte nicht lange. Auf dem offenen Feld kam es einem Fuchs in den Weg, der schnappte es in Gedanken auf. „Ei, Herr Fuchs", rief's Schneiderlein, „ich bin's ja, der in Eurem Hals steckt, laßt mich wieder frei."

„Du hast recht", antwortete der Fuchs, „an dir habe ich doch so viel wie nichts; versprichst du mir die Hühner in deines Vaters Hof, so will ich dich loslassen."

„Von Herzen gern", antwortete Daumerling, „die Hühner sollst du alle haben, das gelobe ich dir."

Da ließ ihn der Fuchs wieder los und trug ihn selber heim. Als der Vater sein liebes Söhnlein wiedersah, gab er dem Fuchs gerne alle die Hühner, die er hatte. „Dafür bring' ich dir auch ein Stück Geld mit", sprach Daumerling und reichte ihm den Kreuzer, den er auf seiner Wanderschaft erworben hatte.

„Warum hat aber der Fuchs die armen Piephühner zu fressen gekriegt?"

„Ei, du Narr, deinem Vater wird ja wohl sein Kind lieber sein als die Hühner auf dem Hof."

Der Geist im Glas

Es war einmal ein armer Holzhacker, der arbeitete vom Morgen bis in die späte Nacht. Als er endlich etwas Geld zusammengespart hatte, sprach er zu seinem Jungen: „Du bist mein einziges Kind, ich will das Geld, das ich mit saurem Schweiß erworben habe, zu deinem Unterricht anwenden; lernst du etwas Rechtschaffenes, so kannst du mich im Alter ernähren, wenn meine Glieder steif geworden sind."

Da ging der Junge auf eine hohe Schule und lernte fleißig, so daß ihn seine Lehrer rühmten. Doch er hatte noch nicht ausstudiert, da war das bißchen Geld, das der Vater erworben hatte, draufgegangen, und er mußte wieder zu ihm heimkehren.

„Ach", sprach der Vater betrübt, „ich kann dir nichts mehr geben und kann in der teuern Zeit auch keinen Heller mehr verdienen als das tägliche Brot."

„Lieber Vater", antwortete der Sohn, „macht Euch darüber keine Gedanken. Wenn's Gottes Wille also ist, so wird's zu meinem Besten ausschlagen; ich will mich schon dreinschikken."

Als der Vater hinaus in den Wald wollte, um etwas am Malterholz zu verdienen, sprach der Sohn: „Ich will mit Euch gehen und Euch helfen."

„Ja, mein Sohn", sagte der Vater, „das sollte dir beschwerlich ankommen, du bist an harte Arbeit nicht gewöhnt, du hältst das nicht aus; ich habe auch nur eine Axt und kein Geld übrig, um noch eine zu kaufen."

„Geht nur zum Nachbarn", antwortete der Sohn, „der leiht Euch seine Axt so lange, bis ich mir selbst eine verdient habe."

Da borgte der Vater beim Nachbarn eine Axt, und am anderen Morgen, bei Anbruch des Tags, gingen sie zusammen hinaus in den Wald. Der Sohn half dem Vater und war ganz munter und frisch dabei.

Am Mittag sprach der Vater: „Wir wollen rasten und uns stärken, hernach geht's noch einmal so gut."

Der Sohn nahm sein Brot und sprach: „Ruht Euch nur aus, Vater, ich bin nicht müde, ich will in dem Wald ein wenig auf und ab gehen und Vogelnester suchen."

„O du Geck", sprach der Vater, „was willst du da herumlaufen, hernach bist du müde und kannst den Arm nicht mehr aufheben."

Der Sohn aber spazierte durch den Wald, aß sein Brot, war ganz fröhlich und sah in die grünen Zweige hinein, ob er etwa ein Nest entdeckte. So ging er hin und her, bis er endlich zu einer mächtigen Eiche kam, die gewiß schon viele hundert Jahre alt war. Selbst fünf Menschen hätten sie nicht umspannen können. Er blieb stehen und sah sie an und dachte: „Es muß doch mancher Vogel sein Nest hineingebaut haben." Da deuchte ihn auf einmal, er höre eine Stimme. Er horchte und vernahm, wie es mit so einem recht dumpfen Ton rief: „Laß mich heraus, laß mich heraus." Er sah sich rings um, konnte aber nichts entdecken, doch es war ihm, als ob die Stimme unten aus der Erde hervorkäme. Da rief er: „Wo bist du?" Die Stimme antwortete: „Ich stecke da unten bei den Eichwurzeln. Laß mich heraus, laß mich heraus."

Der Schüler fing an, unter dem Baum aufzuräumen und bei den Wurzeln zu suchen, bis er endlich in einer kleinen Höhlung eine Glasflasche entdeckte. Er hob sie in die Höhe und hielt sie gegen das Licht, da sah er ein Ding, gleich einem Frosch gestaltet, das sprang darin auf und nieder.

„Laß mich heraus, laß mich heraus", rief's von neuem, und der Schüler, der an nichts Böses dachte, nahm den Pfropfen von der Flasche ab. Alsbald stieg ein Geist heraus und fing an zu wachsen und wuchs so schnell, daß er in wenigen Augenblicken als ein entsetzlicher Kerl, so groß wie der halbe Baum, vor dem Schüler stand. „Weißt du", rief er mit einer fürchterlichen Stimme, „was dein Lohn dafür ist, daß du mich herausgelassen hast?"

„Nein", antwortete der Schüler ohne Furcht, „wie soll ich das wissen?"

„So will ich dir's sagen", rief der Geist, „den Hals muß ich dir dafür brechen."

„Das hättest du mir früher sagen sollen", antwortete der Schüler, „dann hätte ich dich stecken lassen; mein Kopf aber soll vor dir wohl feststehen, da müssen mehr Leute gefragt werden."

„Mehr Leute hin, mehr Leute her", rief der Geist, „deinen wohlverdienten Lohn, den sollst du haben. Denkst du, ich wäre aus Gnade da so lange Zeit eingeschlossen worden? Nein, es war zu meiner Strafe; ich bin der großmächtige Merkurius, wer mich losläßt, dem muß ich den Hals brechen."

„Sachte", antwortete der Schüler, „so geschwind geht das nicht, erst muß ich wissen, daß du wirklich in der kleinen Flasche gesessen hast und daß du der rechte Geist bist: kannst du auch wieder hinein, so will ich's glauben, und dann magst du mit mir anfangen, was du willst."

Der Geist sprach voll Hochmut: „Das ist eine geringe Kunst", zog sich zusammen und machte sich so dünn und klein, wie er anfangs gewesen war, also daß er durch dieselbe Öffnung und durch den Hals der Flasche wieder hineinkroch. Kaum aber war er darin, so drückte der Schüler den abgezoge-

nen Pfropfen wieder auf und warf die Flasche unter die Eichwurzeln an ihren alten Platz, und der Geist war betrogen.

Nun wollte der Schüler zu seinem Vater zurückgehen, aber
der Geist rief ganz kläglich: „Ach, laß mich doch heraus, laß
mich doch heraus."

„Nein", antwortete der Schüler, „zum zweiten Male nicht:
wer mir einmal nach dem Leben getrachtet hat, den lass' ich
nicht los, wenn ich ihn wieder eingefangen habe."

„Wenn du mich frei machst", rief der Geist, „so will ich dir so
viel geben, daß du dein Lebtag genug hast."

„Nein", antwortete der Schüler, „du würdest mich betrügen
wie das erste Mal."

„Du verscherzest dein Glück", sprach der Geist, „ich will dir
nichts tun, sondern dich reichlich belohnen."

Der Schüler dachte: ‚Ich will's wagen, vielleicht hält er
Wort, und anhaben soll er mir doch nichts.' Er nahm den
Pfropfen ab, und der Geist stieg wie das vorige Mal heraus,
dehnte sich und ward groß wie ein Riese. „Nun sollst du deinen Lohn haben", sprach er, und reichte dem Schüler einen
kleinen Lappen, ganz wie ein Pflaster, und sagte: „Wenn du
mit dem einen Ende eine Wunde bestreichst, so heilt sie: und
wenn du mit dem anderen Ende Stahl und Eisen bestreichst,
so wird es in Silber verwandelt."

„Das muß ich erst versuchen", sprach der Schüler, ging an
einen Baum, ritzte die Rinde mit seiner Axt und bestrich sie
mit dem einen Ende des Pflasters: alsbald schloß sie sich wieder zusammen und war geheilt. „Nun, es hat seine Richtig-
keit", sprach er zum Geist, „jetzt können wir uns trennen."

Der Geist dankte ihm für seine Erlösung, und der Schüler
dankte dem Geist für sein Geschenk und ging zurück zu seinem Vater.

„Wo bist du herumgelaufen", sprach der Vater, „warum hast du die Arbeit vergessen? Ich habe es ja gleich gesagt, daß du nichts zustande bringen würdest."

„Gebt Euch zufrieden, Vater, ich will's nachholen."

„Ja, nachholen", sprach der Vater zornig, „hat keine Art."

„Habt acht, Vater, den Baum da will ich gleich umhauen, daß er krachen soll." Da nahm er sein Pflaster, bestrich die damit und tat einen gewaltigen Hieb: aber weil das Eisen in Silber verwandelt war, so legte sich die Schneide um. „Ei, Vater, seht einmal, was habt Ihr mir für eine schlechte Axt gegeben, die ist ganz schief geworden."

Da erschrak der Vater und sprach: „Ach, was hast du gemacht! Nun muß ich die Axt bezahlen und weiß nicht womit; das ist der Nutzen, den ich von deiner Arbeit habe."

„Werdet nicht bös", antwortete der Sohn, „die Axt will ich schon bezahlen."

„Oh, du Dummbart", rief der Vater, „wovon willst du sie bezahlen? Du hast nichts, als was ich dir gebe; das sind Studentenkniffe, die dir im Kopf stecken, aber zum Holzhacken taugst du nicht."

Nach einer Weile sprach der Schüler: „Vater, ich kann doch nicht mehr arbeiten, wir wollen lieber Feierabend machen."

„Ei was", antwortete er, „meinst du, ich wollte die Hände in den Schoß legen wie du? Ich muß noch schaffen, du kannst dich aber heimpacken."

„Vater, ich bin zum ersten Mal hier im Wald, ich weiß den Weg nicht allein, geht doch mit mir."

Des Vaters Zorn hatte sich gelegt, er ließ sich endlich bereden und ging mit heim. Da sprach er: „Geh und verkauf die geschändete Axt und sieh zu, was du dafür kriegst; das übrige muß ich verdienen, um sie dem Nachbarn zu bezahlen."

Der Sohn trug die Axt in die Stadt zu einem Goldschmied, der prüfte sie, legte sie auf die Waage und sprach: „Sie ist vierhundert Taler wert, so viel habe ich nicht bar."

Der Schüler sprach: „Gebt mir, was Ihr habt, das übrige will ich Euch borgen."

Der Goldschmied gab ihm dreihundert Taler und blieb einhundert schuldig. Darauf ging der Schüler heim und sprach: „Vater, ich habe Geld, geht und fragt, was der Nachbar für die Axt haben will."

„Das weiß ich schon", antwortete der Alte, „einen Taler, sechs Groschen."

„So gebt ihm zwei Taler zwölf Groschen, das ist das Doppelte und genug; seht Ihr, ich habe Geld im Überfluß." Er gab dem Vater einhundert Taler und sprach: „Es soll Euch niemals fehlen, lebt nach Eurer Bequemlichkeit."

„Mein Gott", sprach der Alte, „wie bist du zu dem Reichtum gekommen?"

Da erzählte der Sohn ihm, wie alles zugegangen war und wie er im Vertrauen auf sein Glück einen so reichen Gewinn gemacht hatte. Mit dem übrigen Geld aber zog er wieder hin auf die hohe Schule und lernte weiter, und weil er mit seinem Pflaster alle Wunden heilen konnte, wurde er der berühmteste Doktor auf der Welt.

Märchenland — Zauberland

Diese Auswahl der schönsten bekannten Märchen
soll eine Freude sein für jung und alt. Sie sind ein
wahrer Schatz, der nie an Wert verliert. Die Märchen, die uns in Kindertagen verzaubern, beglücken
uns auch noch als Erwachsene. So ist dieser prächtig
illustrierte Band ein Hausbuch für Generationen, ein
sinnvolles Geschenk für jeden.
Dieser Band enthält Märchen von:
Brüder Grimm · Hans Christian Andersen ·
Ludwig Bechstein und Wilhelm Hauff

engelbert
peb